中公新書 2

福井憲彦著

物語　パリの歴史

「芸術と文化の都」の2000年

中央公論新社刊

はじめに

世界で最も多くの来訪者をひきつける都市、パリ。フランスが、そのパリをはじめ、全国各地への年間来訪者一億人を目指していたところに、二〇二〇年から、コロナウィルスcovid-19のパンデミックが世界をおおった。しかし、パンデミックから人類が脱した時、ふたたびフランスは、とくにパリは、その魅力で多くの人たちをひきつけるにちがいない。それにしても、なぜそんなに吸引力があるのだろう。

もちろん、感じ方は人さまざまであっておかしくないが、多くの人にとってパリと「芸術文化」というイメージの結びつきは強い。どこから、それは感じられるのだろうか。どうして、またどのようにして、「芸術文化の都市パリ」は、またそのイメージは、形成されてきたのだろう。

本書でたずねてみようとするのは、この問いである。こうしたイメージをもたらしている要素は、おそらくとても幅広く、多岐にわたっているだろう。そしてまたそれらは、一朝一夕にしてできあがったものではないだろう。ほとんど二〇〇〇年の歴史の歩みが、パリには蓄積されている。

これまでにも、じつに多くのパリに関する本、パリの歴史に関する本が、さまざまな切り口から世に問われてきた。芸術文化と一口に言っても、その幅はとても広い。この本では、分野を決めつけずに既成観念を振り払って、広い視野から多様な側面にスポットライトをあてながら、歴史の展開をたずねてみたい。ときにたおやかに、ときにはスリリングに、みなさんと歴史の旅ができればうれしい。

メリアンのパリ図（17世紀前半）　スイス人彫版師メリアンによる鳥瞰図．上が東で下が西．真ん中を，船の行き交うセーヌ川が上から下へと流れ，中央がシテ島で，ノートルダム大聖堂の尖塔が見える．シテ島西端の立派な橋がポン・ヌフ．図の左側の右岸（北）が右側の左岸（南）より広くひらけている．シャルル5世の半円状の市壁の西側の外部をさらに壁と堀が囲んでいる（最下段）のが，ルイ13世時代の「黄堀（フォセ・ジョーヌ）」である（これらについては10〜11ページの「パリ市域の変遷地図」を参照）．その一番セーヌ寄りがチュイルリー宮殿とその庭園．図の上部（東）にバスチーユの要塞が独立して描かれ，目立つ．その左下の四角い空間は「国王広場（今日のヴォージュ広場）」である（説明はいずれも本文にて）．
出典：パリ市歴史図書館展示室での「パリ歴史地図展」（1994年）のカタログより．

目次

地図作製／ケー・アイ・プランニング

物語　パリの歴史

「芸術と文化の都」の二〇〇〇年

序章　パリのエコロジーと歴史の始まり

旅立つ前から、少し寄り道。

目的地パリは、場所として、どのような環境条件にあるのだろう。自然豊かな田園部とは違い、家などが立ち並ぶ人工的空間の都市、こういう自然と都市との対比が一見すると自明なように思われるかもしれない。が、じつは、それほど単純な話でもないことに注意が必要だ、ということから入ってみよう。

日本でもフランスでも、田園部では、緑が豊かに広がる空間が標準であろうが、そこに見られる作物はもちろん、森林なども、人間が手塩にかけて育ててきた「自然」である方が一般である。見事な棚田や里山などを想起してもらえば、日本人にはわかりやすい。農村＝自然、都市＝人工、というほど単純ではない。エコロジカルな条件との関わり方の違い、である。都市部には、確かに建物など人工的な構築物が多く存在する。しかしその構築物は、古くはその土地の形状だけでなく、環境条件とも無関係ではなかった。パリの地下には石灰質の岩盤があって、切り出して建築資材にできるという好条件があった。これも、広い意味でエコロジカルな条件である。

　また都市が、どのような気候帯に属するかも重要である。熱帯か温帯か、気温や湿度などはどうか。当然ながらそれらは都市生活の様相に関係し、構築物の構造にも関係し、つまりは都市文化のあり方にも反映する。ただし、人は想像力と創造性を手にした存在だから、環境決定論は避けなければいけない。その上で、パリについてはどうだろうか。

　まず緯度がかなり高い。北海道のもっと北、サハリン南部と同じだから、夏は遅くまで明るい。逆に冬は暗い時間が長く、朝もなかなか明るくなってくれない。明るくなったと思ったら午後三時にもなれば、もう暗い。現代なら電気照明がある。しかしこれは、やっと一九世紀末から普及しだしたにすぎない。それでも、一八七二年一二月にパリ視察に入った明治日本の岩倉《いわくら》使節団は、ガス燈《とう》が光り輝く街路の見事な情景に驚嘆している。それは、強烈な文明のイメージであった。

パリの緯度は高いが、大西洋の暖流のおかげで冬でも極寒は珍しく、降雪も少ない。内陸に入っているので湿気も少ない。四季の移ろいは明確で、春には一斉に花が咲き、緑豊かになる。そうした季節感が生活にリズムを与える。生活の舞台としては好条件である。そのパリでも、しばらく前から深刻になっているのは、夏の灼熱《しゃくねつ》とも言える酷暑や大気汚染。これは、地球規模での環境問題への真剣な取り組みが必要なテーマである。現在のパリ市当局は、かなり頑張っている。

セーヌがなければパリはない？

パリは、紀元前後からローマ帝国によって、ガリア（ケルト）統治の前線基地としての位置づけを与えられた。カエサル（シーザー）が描いた『ガリア戦記』の時代、つまり紀元前五〇年代からである。しかしその前から、地中海につながる南の地域と、北のフランドル一帯とを結ぶ陸路が、フランスの南東から北西へ流れるセーヌ川と交わる地点として、ガリア地域間の交易ルートにおける重要な地点であった。そのように、発掘物などから推定されている。重要地点だからこそ、ローマはここを制圧しようとしたと言ってもよいだろう。

セーヌ川は重要な交通路であり、移動や水運を可能にしていた。その源流は、パリのはるか南東に位置するディジョン近くにある。そこから、中世にはシャンパーニュ地方の大市で有名だったトロワの町を抜け、途中ヨンヌ川など多くの支流を合わせ、蛇行《だこう》しながらムランの町を通ってパリの近くで、東から流れてくるマルヌ川と合流し、パリ市内を東から西へと抜ければ、またひどく蛇行しながらオワーズ川を合わせ、北西に下ってノルマンディはルアンの町を抜けたあと、全長七七六キロメートルの長い旅を終え、ルアーヴルの港町を先に見るセーヌ湾へと流れ込む。その向こうの大海原は英仏海峡で、ブリテン島までは目と鼻の先となる。

中世からパリ市の紋章に船が描かれるのは、まさにセーヌとの関わりの重要性を示している。パリは、港でもあった。もちろんセーヌの川港である。歴史的にはいくつもの荷揚げ場がセーヌ沿岸にあったが、とくに今の市庁舎前広場の位置にはグレーヴ広場が広がっていて、一八世紀末になるまで護岸は完成されずに砂利の浜辺をなしていた。砂利浜のことをフランス語ではグレーヴと言うので、かつての広場の名前は、これに由来していた。そこは、荷揚げ作業などをする剛腕の労働大衆が集まる場で、中世以降は町の祭礼の中心広場になると同時に、公開処刑がなされる場でもあり、いくつもの歴史的場面が演じられる舞台ともなった。

パリ全体の地図は、一六世紀前半にフランソワ一世が作成を命じたものが最初と言われているが、残念ながら現存はしていない。一八世紀までは基本的に絵地図で、本書冒頭の「メリアンのパリ図」が示すように、セーヌ川を中心に置き、多くは東を上、西を下に描いた。つまり、セーヌ川は地図の上から下への流れとして描かれた。地図の左手に、町の北側の様子が、右手に南側の様子が、そして中央にはシテ島の様子が描かれる。三角測量で正確に描いた全体の地図は、一七八五年から九一年にかけてエドム・ヴェルニケが指揮したものが最初で、この時代の理知的正確さを追求する「近代的」姿勢を象徴しているが、これは現代式に北が上になっている。それまでの絵地図も、街の様相を想像させる上では重要な資料である。

セーヌの両岸にひらける町

古代ローマがガリアでの前線拠点を置き、その後もパリの中心をなしたシテ島は、ちょうどセーヌ川の中之島《なかのしま》にあたり、周囲に防禦《ぼうぎょ》設備を築けば要塞《ようさい》的性格を帯びた。発掘調査によって、ローマ以前からケルトの神殿が置かれていたことがわかっている。中世になっても、王宮と大聖堂の存在に象徴される聖俗の中心、という位置づけは変わらない。

かつてセーヌの流路は安定しておらず、先史時代のパリにおける川筋は、現在のパリ市内の北側をバスチーユからマドレーヌまで半円状に走る大通り（グラン・ブルヴァールと総称される）のあたりにあったという。この旧流路沿いは、古代・中世には湿地帯として、北側へ

435 INONDATIONS DE PARIS (Janvier 1910). -- Boulevard Diderot Angle de la Rue de Bercy. -- LL.

1910年1月の大洪水で冠水したリヨン駅近くのブルヴァール・ディドロ（セーヌ右岸の東寄り，バスチーユ広場の東南にあたる）
出典：当時の絵葉書（個人蔵）.

の自然の防禦装置をなしていた。セーヌは、時に増水してあふれたが、その川水は、現流路周辺のみでなく、この旧流路周辺をも浸すことがあった。大洪水は、一九一〇年に生じたものが最後となっている。観光名所として有名なモンマルトル一帯は、一九世紀にパリの市域が拡大されるまでは、町の外側であった。

セーヌの流れの北側、すなわち右岸は、中世には「ラ・ヴィル（町内）」と呼ばれ、各種の手工業や商業が栄える、いわば経済の中心であった。それに対して南側（左岸）は、中世には「ユニヴェルシテ」と呼ばれ、のちには「カルチエ・ラタン（ラテン区）」という呼称で有名になる。大学や学寮が設置される学芸の世界が、中世にはラテン語による神学研究を基盤として形成されたからである。こうした両岸の社会的・文化的性格は、その後も現代に至るまで、町の様相にかなり連続してきたところがある。

右岸にも左岸にも、中世半ばのフィリップ二世時代、一二世紀末から一三世紀初めにかけて、防禦のために市壁が築かれた。その市壁のごく一部は右岸、左岸に今でも残っている。その位置を知ると、中世のパリがいかに小規模であったかがわかる。その後に市域は段階的に拡大されていくが、一九世紀の第二帝政期になって市域が拡大されるまでは、広さはとても限られていた。拡大後でも、その面積は、東京の山手線内とほぼ同様であるので、東京のように無制限に広がっていく「都市のスプロール現象」とは無縁である。ただし市内の不動産価格は高くなり、現在も上昇の一途であるので、市内中心部に新たに住居を求めるのは簡単ではない。現在では、かなり広域の周辺郊外部分の自治体がパリ首都圏を構成して、パリと密接、かつ微妙な関係になっている。

かつての市内の構造と遺構

左岸、つまりセーヌの南側に位置する旧市内の構造は、古代ローマ支配期に形成された碁《ご》盤《ばん》目状の街路構造が、かつては基本となっていた。

古代ローマ支配は、狭いシテ島の拠点とは別に、セーヌ川に向かって北面する斜面を利用

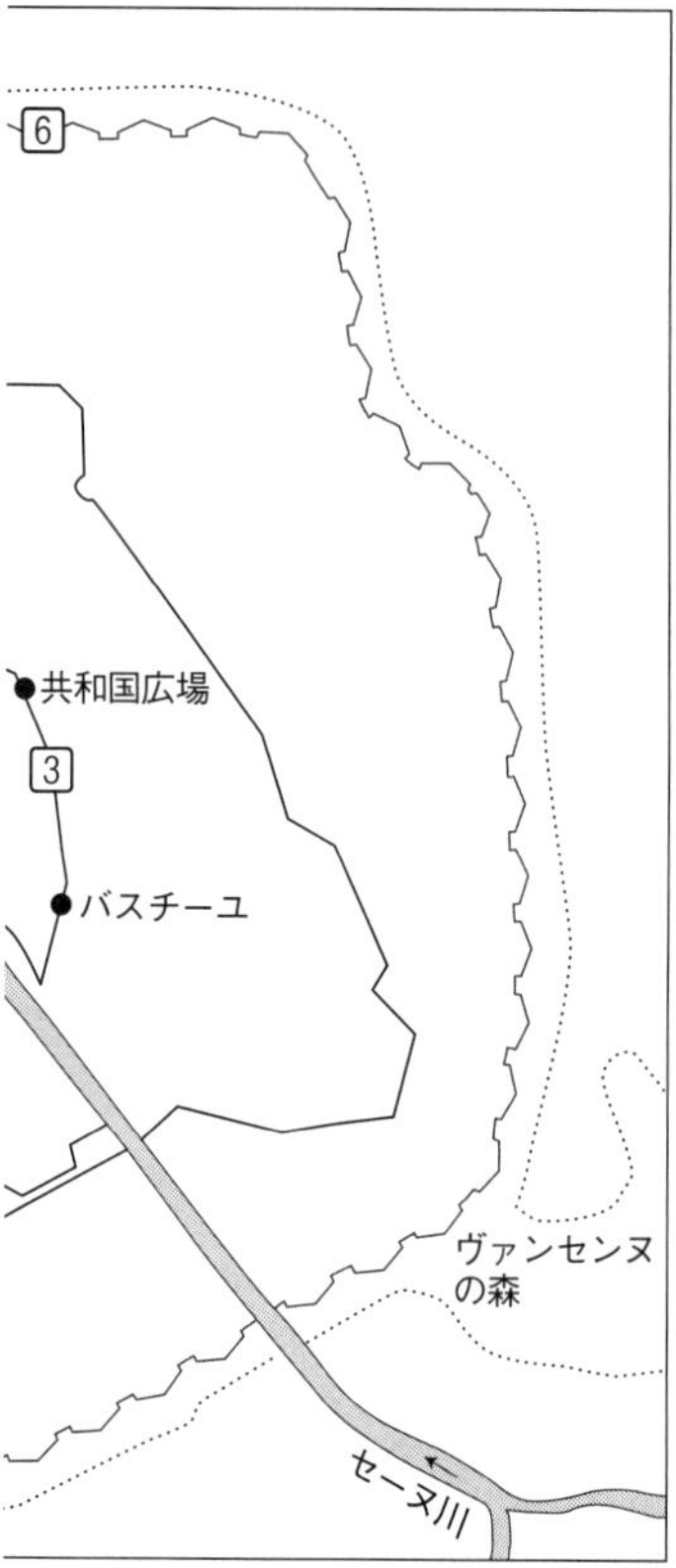

して、日常的な都市施設を配置した。その構造物の遺構が一部現存している。クリュニー中世美術館が入る中世の館の一部は、古代ローマ時代の公共浴場テルムの遺構で、現在のサン・ミシェル大通りから外見の一部を眺めることができる。また、屋外の円形劇場・競技場であったアレーヌの遺構も近くで発掘されて、現在では誰でも自由に入ることができる。こうしたローマ支配時代の遺構や遺物は、のちに述べる一九世紀の大改造に伴う発掘で明らかになったものも多かった。それらを受けて、一九世紀末からパリ市には「古パリ（ヴュー・

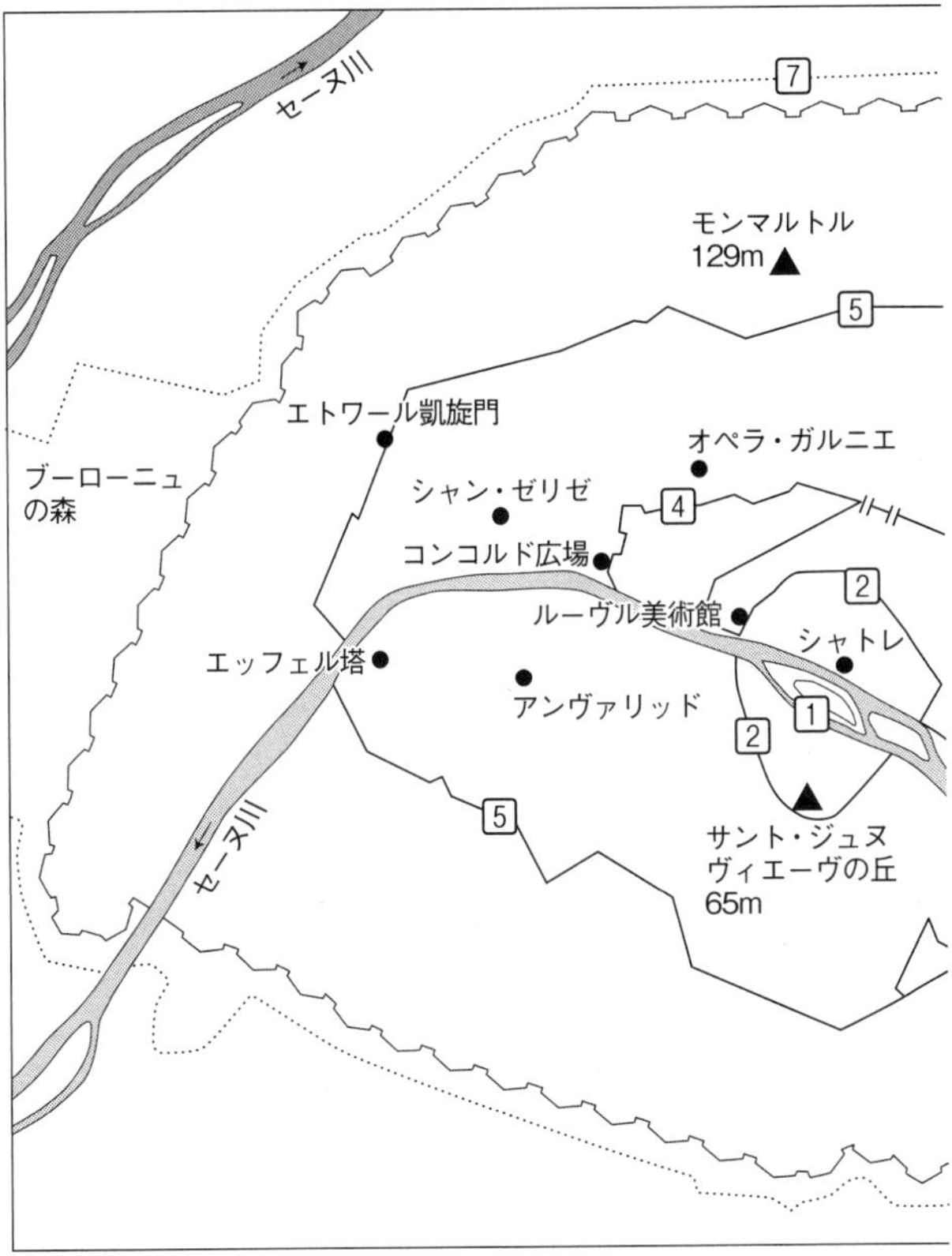

パリ市域の変遷
[1]ローマ帝政期のシテ島の防壁，[2]フィリップ・オーギュストの壁，[3]シャルル5世の壁（右岸のみ市域拡大），[4]ルイ13世の壁（フォセ・ジョーヌ），[5]徴税請負人の壁（1787〜1859年の市域），[6]七月王政の土塁（1860年以降の市域境界線），[7]現在の市域境界線（1929年制定）．

パリ）委員会」が構成され、現物保存はもちろん、図面作成や写真保存にあたってきて、今も役割を果たしている。

古代ローマの名残は、左岸の街路にもごく一部が残っていて、南北の軸線をなした直線道路は古代ローマ期にはカルドと呼ばれたが、これは現在のサン・ジャック通りがそれにあたる。左岸の丘の上からこの通り沿いに北の方角を眺め下ろすと、右岸の向こうまで一直線に見通せる構造がよくわかる。

右岸の方は、ローマ支配下にはまだ発展しなかったようで、中世も半ばまでは、ごく限られた範囲にしか生活の場が広がっていなかったことは、アンヌ・ロンバール・ジュールダンによる先駆的で克明な研究によって、明らかにされた。現在のセーヌに近い一画には、中世から発展した非直線的な街路の名残がわずかに現存する。現在の市庁舎裏の東にあるフランソワ・ミロン通りはその一つで、中世末に建てられたという木組みのファサード（英語でいうハーフティンバー、フランス語ではコロンバージュ）を持った（日本式にいう）六階建ての細長い建築も現存しており、パリでは異彩を放っている。

第一章　キリスト教とパリ

1　教会の多い町パリ

ノートルダム炎上の衝撃

パリにおける芸術や文化のあり方を考えるとき、歴史的にみると、キリスト教とその教会や修道院の存在は、無視できない要素である。あまり宗教に密着した生活を送っているわけではない現代日本人には、少し縁遠い感覚になるかもしれない。しかし日本でも歴史ある都市には、神社仏閣が多く存在することを想起してもらえばよいのではないか。

現在では、日曜ミサに定期的に出席しているフランス人は激減している。二〇一四年の民問調査では、「宗教に則った生活をしているか」という問いに「はい」と肯定的に答えたフランス人は、ムスリムを含めても四割にすぎない。それでも、街角に多く存在感を示す教会の建築は、パリの情景に不可欠な存在で、それは住民にとっても、歴史文化を皮膚《ひふ》感覚で感じさせる当然の日常的存在としてあるように思われる。

そのパリで、二〇一九年四月に、ノートルダム大聖堂が炎上するという、信じがたい出来事が起こった。その際のパリ市民、フランス市民の反応は、それが世界遺産だからとか、多くの観光客をひきつけてきたから（二〇一六年の調査では推定一二〇〇万人、エッフェル塔の二倍）というのではなく、何か、あるべきものが失われた、心の拠《よ》り所を喪失した、という感覚だったようである。二〇二一年現在の国会で最左翼政党のリーダーであるメランションですら、火災直後には喪失感の大きさをSNSで発信していた。もちろんカトリックの熱心な信者にとっては、ショックという言葉でも表現できなかっただろう。

このノートルダム大聖堂は、一二世紀後半、第七二代パリ司教に着任したモーリス・ド・シュリーの発案に基づいて建築が始まったもので、それまでの大聖堂の建て替え事業であった。当然ながら現代のような建築機械のない時代であるから、長い歳月をかけてトップの職人たちの手仕事で、建物自体の大工仕事や屋根《やね》葺《ふ》き作業から、その重厚な石積み、さらに内装や装飾、石彫、ステンドグラスなど、あらゆるものが整えられていった。そこには、時代の技術の枠、すなわち文化技術とでも言えるような文化的な技＝アート（フランス語でアール。のちには「芸術」の意味ともなる）の枠を集約して極めようとするものであった、と言ってよい。かつて古代から中世にかけて、まだ芸術家（アーチスト）個人が署名を残し自己主張するようになる以前、あるいはルネサンス期を経てそのような時代に入ったのちでも、優れた手技を持った職人（フランス語でアルチザン）の仕事は、芸術家（アーチスト）の作品と区別しがたい質を持っていた。

小教区における人生と社会生活

町のなかの教会には、各地区にある小教区（パロワス）の教会もあれば、修道院に付属する教会、礼拝堂なども造られていったので、その数は時とともに増えていく。

かつて教会の存在、特に小教区教会（エグリーズ・パロワシアル）の存在とその活動とは、住民にとって社会生活と不可分であった。住民は、小教区の一員として生まれ、その小教区教会で洗礼を受け、やがて結婚し、子供ができたら洗礼を受けさせ、自らは年老いて他界してゆく。結婚式や葬儀の例がわかりやすいように、人生の区切りの時々に教会が介在した。住民は、教会制度の体系の一番下に位置する小教区の一員として暮らし、精神生活を満たされていたと言ってよいかもしれない。信仰内容がどれほどのものであったかは、わからない。

しかし教会制度の末端にあって最小の単位である小教区に、教会が建てられ、その地区の住民たちのまとまりの象徴として維持され、その鐘《かね》の音が生活にリズムを与えるようになった。

街区の区分であるカルチエとは別の宗教的枠組みである小教区が、いつ頃から整備されていったのかは、じつは資料がなくて判然としない。推論では、パリを拠点と定めたクローヴィスに始まるメロヴィング朝時代（四八一～七五一）から、一一世紀にかけて整備されていったという。やがて一六世紀ともなれば、小教区は国家による住民把握の重要な地区単位として、位置づけられるようになる。その点については第四章で述べよう。かつての時間のテンポは、はるかに悠然としていたようである。町の広がりや充実は、それに伴って教会の数を増やしていった。しかもそれに加えて、中世半ばからは修道会の施設や聖堂も増えていく。それらの教会等を束ねていたのが司教で、その拠点が司教座教会、すなわち大聖堂カテドラルである。大きいから大聖堂、というわけではない。パリでは一六二二年からは、司教（エヴェック）は大司教（アルシュヴェック）に格上げされ、その管轄区域である大司教区は、パリ市内だけでなく、周辺地域に広く及んだ。

聖ドニの殉教とモンマルトル、そしてサン・ドニ修道院

パリがまだパリという名前でなく、ルテティア（フランス語ではリュテース）と呼ばれてい

たローマ支配下、ローマからカトリックの布教のために最初に送り込まれた聖職者が、司教ディオニシウスであった。三世紀半ばのことで、彼が初代パリ司教と伝わるが、教会の公式な制度史上は、もう少し後世の人が初代司教なのだそうである。キリスト教がローマ帝国の国教になるのは四世紀末だから、それまでローマ教会は、世俗の権力体制からは距離をおかれていた。敬虔《けいけん》なディオニシウスは、熱心に布教に力を入れたが、異教徒であった人びとに疎《うと》まれ、捕まって処刑されてしまう。その処刑の地は、当時パリの少し北方に位置していた小高い丘の上、殉教（マルチール）の丘（モン）としてモンマルトルと呼ばれるようになっていく。モンマルトルは今日では、ノートルダム大聖堂に次いで年間一〇〇〇万近い観光客を集めるところである。観光客はほとんど、この過去の殉教については知らず、むしろ一九世紀末からの画家や芸術家の住む丘だったことに、関心があるかもしれない。あるいは丘の上からの、素晴らしいパリ市街の眺望を求めてであろうか。しかしキリスト教徒にとっては、こうした故事からして、この地は中世には重要になっていた。一六世紀に、スペイン人の修道士イグナチウス・ロヨラらによってイエズス会が創立されたのも、この地であった。

殉教したディオニシウスは列聖され、聖人となる。フランス風に書き直すと聖ドニ（ないしドゥニ）、サン・ドニである。気持ち良い話ではないが、伝説によれば斬首された聖ドニは、実はすぐには死なず、自ら頭を抱えて北方へと歩み、少し北の地まで行ってこと切れた、という。驚嘆した人々は、彼をその地に埋葬し、墓を造って敬った。そこが、現在にまで続くサン・ドニの町の起源であり、教会と修道院とが建てられることになる。

サン・ドニの町は、現在では住民に移民労働者も多い、左翼勢力が根づいた労働者地区となっている。一九九八年にサッカー・ワールドカップ決勝戦の会場となったスタジアムでも有名である。しかしかつては、長らくこの地は信者たちの巡礼地であり、中世にあっては六月に開催される大市で有名であった。教会の地は、世俗の紛争は持ち込まない、起こさない場として特別視されたので、教会前広場やその付属墓地周辺は、しばしば市が立つ場ともなった。そうして市民生活のなかに、教会はより一層溶け込んでいったと思われる。

七世紀前半、メロヴィング朝フランク国王ダゴベール（ダゴベルト）一世（在位六二九〜六三九）が、勇猛果敢であった生涯を三〇歳ほどで閉じようとするにあたって、聖ドニを讃《たた》えてサン・ドニの地に移り、自らが建てさせたその修道院に自身を埋葬するよう指示した。この故事にならって、サン・ドニ修道院には、やがて歴代国王・王妃の墓が安置されるようになっていく。一二世紀前半には、知識人としてのみならず国王の顧問役としても能力を示し、王権の発展に寄与したサン・ドニ修道院長スュジェールのように、この修道院は、王政と密着した存在となり、また人びとからもそうみなされた。そこで、ずっとのちの一八世紀末、フランス革命の時期には逆に、カトリック教会権力と対立した民衆による破壊の対象とされ、歴代国王の墓所が暴かれるという悲劇も経験するのである。

2　襲来する外敵と戦うパリ

聖女ジュヌヴィエーヴの伝説

聖ドニと並んで、初期のパリで注目しておくべき聖人は、サント・ジュヌヴィエーヴである。これまた伝説的に伝わる人である聖女ジュヌヴィエーヴについては、詳しいことはわかっていない。しかし実在した人であったことは確かで、パリの西、ナンテールに生まれたとする人もいる。確かな生涯はわからないが、確実なのは、五世紀半ば、東方からパリ周辺にまで迫ってきたフンの襲来に対して、臆《おく》するパリの男たちを叱咤《しった》激励し、女性を集めてひたすら祈りを捧《ささ》げ、無事パリ襲撃を回避させた、という言い伝えである。先頭に立って戦った、というのは、どうやら後世についた尾ヒレらしい。四五一年、現在のトロワ近くで、襲来したアッティラ率いるフンとの「カタラウヌムの戦い」が展開した、その頃の話である。このパリ防衛への貢献によって彼女は、パリの守護聖人とみなされるようになり、パリ市民によって伝承されていくことになった。

一八世紀末以来パンテオンが立っている左岸の丘の高みは、古来サント・ジュヌヴィエーヴの丘と名づけられて現在まで長い歳月を経過している。中世をすぎてもパリのセーヌ左岸は、この丘の少し南までが市内であった。ずいぶん狭かったのである。パリに拠点を置いたクローヴィスは、生前、彼女と面会し、彼の改宗にも彼女が何らかの影響を与えたのではないかと推論する人もいるようだが、証拠はない。すでに六世紀冒頭に死亡していた彼女の亡《なき》骸《がら》が埋葬されていたこの丘の上に、クローヴィス自身パリに入ったあとで、聖ペテロと聖パウロの名のついた教会を建立させた。彼は自らも没後、聖女の近くに埋葬されることを望んだと伝わっている。聖女ジュヌヴィエーヴのものとされる石棺は、現在では、やはりこの丘に立つサン・テチエンヌ・デュ・モン教会に安置されている。

五二〇年の暮れ、この丘には、おそらくパリ最古の大修道院ではないかとみなされるサント・ジュヌヴィエーヴ修道院の聖堂が完成した。この聖女ジュヌヴィエーヴの名を冠した修道院は、司教体制下には入らない在俗参事会員で運営されるという独特の位置を占めていたが、時が経《た》って中世パリが活性化しつつあった一一四八年には、教皇庁直属へと組み入れられた。前述したサン・ドニ修道院長スュジェールが、王権の発展に寄与して没する直前の時期である。この時期に、パリは王都として政治の中心地になると同時に、宗教文化を豊かに持つ地としても、人びとを引きつけるところとなっていた。それについては、後述しよう。

この時代には、政治とキリスト教は不可分であった。しかしその王都としての歩みは、少し遡《さかのぼ》ったその初期、九世紀から一〇世紀にかけては、荒々しいノルマン人の侵攻によって、一時、大混乱を経験したのである。

ゲルマン諸王支配下のパリ

ゲルマン系フランク王国のメロヴィング朝（四八一～七五一）、それに続くカロリング朝（七五一～九八七）時代は、パリの政治的支配者はゲルマン系の人びとであった。パリを拠点としたクローヴィス然《しか》り、また一時、ヨーロッパの広域を統一的に支配した大王、シャルルマーニュ（偉大なるシャルル、在位七六八～八一四）然り。彼は、ドイツ語でのカール大帝だから、現在のドイツとフランスは、かつて支配者を共有していた。シャルルマーニュは本拠を現ドイツのアーヘン（フランス語ではエクス・ラ・シャペルと表記）に置いたので、パリは政治的には首都ではないが、そもそもこの時期には、のちの首都という観念があったかどうか。いずれにしても、パリの重要性は変わらなかった。八〇〇年には、教皇レオ三世によってローマ皇帝の帝冠を授けられたカールの大帝国では、現在では「カロリング・ルネサンス」と呼ばれるギリシャ・ローマの古典学芸の研究や正統ラテン語の復活が進められ、帝国統治にも携わる聖職者たちの学識レベルの向上が追求されていた。その大帝の没後、相続で分裂した帝国から、現在のフランス、ドイツ、イタリアの国家としての原型が形成されていくことになる。

そもそも確認しておいた方がよいのは、フランスの社会と文化を捉《とら》える場合には、単一の、あるいはごく少数の、民族ないしエスニック集団の単位で考えてはいけない、という点である。フランスの地、特にパリが位置するイル・ド・フランス地域は、古来、人間活動にはとても恵まれたエコロジカルな条件にあった。古くからのケルト系、ローマからのラテン系、そしてより北方のゲルマン系諸集団が、この地で相互に交流し、時には権力闘争を展開した。長い歳月のなかで、人びとはよりよく暮らすために経済的に交流し、文化的な相互交渉を繰り返したのだと理解したい。しかも、政治的には対立関係にあったイベリア半島のムスリム勢力からは、そこに引き継がれていたギリシャ・ローマの古典古代の学芸に関する知識が、さまざまに、現在のフランスの地にも伝わってきた。パリに限らずフランス社会が示す、独特な文化的豊かさの基盤には、そうした多様な要素の交流と混淆《こんこう》がある。パリの芸術文化面における豊かな蓄積の背景には、ときに摩擦や紛争も伴ったにせよ、そういう諸文化の出会いがあったという点を、はじめに押さえておきたい。

ヴァイキングと戦うパリ

さて、ヴァイキング（フランス語ではヴィキング）である。彼らは北海やバルト海の沿岸という、北方ヨーロッパを拠点とするゲルマン系ノルマン人（北の人）の集団であった。屈強な彼らが行動しだした原因は不明だが、たいして大きくもない船を巧みに操って八世紀末から一一世紀にかけて、船団をなしてヨーロッパの沿岸部で交易を求め、しばしば掠奪《りゃくだつ》によって恐れられた。とくに九世紀になると内陸部へも川伝いに遡上《そじょう》して、掠奪行為を繰り返した。彼らは九世紀半ばから、フランスの前身である西フランク王国領内へと侵攻を開始し、パリへも侵略を繰り返す。パリ市民にとってはえらい脅威である。実際、パリの左岸は掠奪され、かなり破壊された。なにせ八八五年の襲来の際には、七〇〇隻の船団で四万の軍勢を乗せてきた、と当時の武勲詩が伝えるというのだが、もちろんこれは誇張であろう。この時の西フランク国王は妥協作戦をとって、まともに戦闘を指揮せずに権威は失墜したが、パリ市民たちは橋を落とし、防禦を固め、シテ島と右岸は守ることができた。その際に、右岸の市民がより北へと避難したことが、結果的にその後の生活範囲を少し北へと広げることにつながる。余禄とでも言おうか。

ここで、ヴァイキングへの対応の結果として押さえておきたい点は、二つある。一つは、ノルマン侵攻に対してリーダーとして果敢に対応したパリ伯ウードの権威が上がり、彼が属するロベール家から、やがて一〇世紀末にユーグ・カペが国王に選出され、これが西フランク王国の時代からフランス王国への転換を進める結果につながる。そして今ひとつは、それ以前の九一一年に、時の西フランク王シャルル三世が、北方から来たヴァイキングの首領に、停戦とカトリックへの改宗を条件に、臣下として土地を与えて主従関係を結び、定住を承認したことである。これが、ノルマンの土地を意味するノルマンディの起源となる。ここに定住化したノルマンからは、やがてブリテン島に攻め込んでノルマン朝を立てる勢力が出て、それが後世のいわゆる「英仏百年戦争」にも遠くつながる面が出てくるのだから、歴史の展開は思わぬ方向へと進む。他方、これらのノルマンをめぐる動きが、多様な文化交流を促す側面があった点も、見逃してはいけないだろう。

カペ朝の始まりと発展

政治史や、封建制の仕組みといった点は本書のテーマからは外れるし、理解が簡単ではないので、ここでは踏み込むことはしない。ユーグ・カペ（在位九八七～九九六）が有力諸侯《しょこう》によって選出されて王位についた時、彼が直接支配下においていた所領、すなわち王領地は、パリとその南のオルレアン周辺部までの、たいへん限られた範囲でしかなかった。その他の各地は、それぞれの土地を支配下に置く有力諸侯のものであった。国王はその諸侯と、いわゆる封建的な主従の契約関係を結んで、フランス王国を形成するかたちとなる。

中世におけるフランス王国は、現在のフランスの領域をすべて有効支配していたわけではない。国民国家の考え方からすればわかりにくいが、安定的な国境線で囲まれた国土が、相互承認されていたわけではなかった。安定した領域を国土としてもつ主権国家は、一六世紀以降、近世の王権国家群での調整から、徐々に確立していく考え方である。中世においては主君と臣下という契約関係が、国王と諸侯との関係、諸侯と騎士との関係として、張りめぐらされていたと理解しておけば、さしあたりよい。一二世紀、イングランド国王となったヘンリ二世は、もともとアンジュー伯アンリであって、フランスのアンジュー地方を所領としていたので、アンジュー伯としてはフランス国王の臣下の位置にある、という主従関係になる。ややこしい話だが。

フランス王権を確実なものにする上で、大きな存在感を示し、パリとの関係でも重要な位置を占めたのは、カペ朝七代目の国王、オーギュスト（尊厳王）と呼ばれるフィリップ二世（在位一一八〇～一二二三）である。彼は、対抗相手であったアンジュー朝イングランド国王ヘンリ二世とその後継国王であった息子たちとの抗争と戦闘とで勝利を収め、中世におけるフランス王国と王権の基礎固めに貢献した。その孫である二代後のルイ九世（在位一二二六～七〇）と並んで、フランス中世史上では最も評価されてきた国王である。この二人の国王は、十字軍遠征にも熱心であり、南フランスに蟠踞《ばんきょ》していたカタリ派という異端に対しても、アルビジョワ十字軍と言われる戦いに賛同し、協力した。いわばローマ教会の優等生で、没後にルイ九世が列聖されて聖王ルイとされた所以《ゆえん》である。われわれにとってこの両国王が注目に値するのは、これらの国王が、パリの発展にとっても重要な役割を演じたからである。

第二章　王権のもとで学術文化の都となる中世パリ

1　中世の王権と王都パリの整備

国王と「良き都市」

フィリップ二世は、父王ルイ七世（在位一一三七〜八〇）時代、さらにその前の祖父ルイ六世（在位一一〇八〜三七）時代から、王国内での地位が安定しだしていたパリについて、後継国王として王都整備に意欲的に着手した。王権の政治的基盤固めのため、国王膝下《しっか》でのパリにおける宮廷政治体制の組織化、国王文書管理の徹底、そして経済的な安定、信仰の中心地としての整備、これらが実施されてゆくと同時に、都市としての文化的輝き、そして折から対抗関係にあった諸国、特にイングランド王国に対する防衛体制の確立が目指された。国王自身が十字軍で遠征している間の、王都の防禦を確保する必要から、フィリップ二世は、まず、経済活動の中心であった右岸を城壁で囲み、のちには左岸にも城壁を築かせた。その城壁のごく一部が現在のパリにも残っていて、この時代のパリの町がいかに狭かったかがわかるという点については、すでに冒頭の序章で触れた。

フィリップ二世が一一八〇年に即位した時、パリでは、シテ島の王宮と大聖堂が聖俗権力の中心として位置づけられ、ノートルダム大聖堂は、第一章で述べたように、すでに建設が始まっていた。右岸では商業や手工業が本格的に発展しつつあったが、これについては主に次章で述べることにしよう。左岸では、いくつかの修道院や教会を中心に、神学や哲学の研究が活性化しはじめていて、王はそうした動きをさらに後押しした。

中世では、国王が、重視した都市に独自の自治権を与え、都市はその見返りに自治の認可料を国王に支払う、という関係が成立してくる。そうして都市は、国王権力に従うことで自治権を得て、諸侯の支配から相対的に自由を獲得し、国王は、都市から資金を調達する関係を結べると同時に、都市の位置する領域を支配していた諸侯に対して、いわば統制の楔《くさび》を打ち込んだ。この点で、ことがうまくいけば、国王と都市とは持ちつ持たれつの関係とでも言えようか。こうして国王と良好な関係を築いた都市は「良き都市（ボンヌ・ヴィル）」と言われるが、パリはそのなかでも、いわば特権的な位置を占めた。

国王たちによるパリの整備

パリは元来からして、カペ朝のお膝元《ひざもと》であったが、フィリップ二世の祖父ルイ六世は改めて一一一二年に、パリに、王都としての特別な地位を公認した。今でこそ、パリが中心になって久しいから、パリが王都になることは当然と思われるかもしれないが、例えばカペ朝の古くからの拠点オルレアンもロワール川のほとりにあり、東西と南北のフランスをつなぐ要衝にあるという点では、十分王都の候補たりうる位置にあった。

パリの紋章　「たゆたえども，沈まず」というラテン語の銘が下部に置かれている．
出典：Youri Carbonnier, *Paris. Une géohistoire*, Paris, 2009より．

ついでルイ六世は一一二一年には、セーヌ川を活用してきたパリの水運商人団体に改めて営業許可を公認するという、職業の社団組織への特認制度を始めた。いわゆるギルドの公認である。この時代には非公式ながら、パリの町の紋章には、すでに船が描かれていた。そのことからもわかるように、セーヌの水運を支配した商人団体は、町の存続にとって要《かなめ》をなすものであり、そのリーダーは、パリ町人たちのリーダーを自任していたのである。船で荷を持ち込む外部商人は、パリの町にいわば入市税を支払うことが規定された。

息子ルイ七世と、そのまた息子フィリップ二世、そして統治期間のごく短かったルイ八世をはさんで、さらにその息子のルイ九世と、パリの発展にとって、国王による重視と介入とは大きな力となった。ルイ九世の時代にかなりの姿に建ち上がってきたノートルダム大聖堂は、美しいステンドグラスの空間で有名な、国王ルイ九世自身の肝《きも》いりで建築されたシテ島のサント・シャペルの礼拝堂と並んで、天に向かって伸びゆくような中世ゴシック建築の、美しい代表的作品となっていく。カテドラル完成までは、まだまだ歳月はかかるが。

フィリップ二世が指示した王都パリの改造で注目されるのは、経済中心であった右岸での環境整備である。すなわち、主要道路の石畳による舗装、旧来のグレーヴ広場での取引に加えて、まったく新たに中央市場を設置させ、さらにこの市場に隣接するイノサン墓地、パリ最大の中央墓地を、壁で囲むよう指令した。上水の確保への指示も加え、経済社会活動の基盤を整えさせようとしたのである。一四世紀初め、フィリップ四世（在位一二八五～一三一四）の時期までは確実に続くパリ右岸を中心とした経済活動の活性化については、次章で取り上げよう。

また同じ右岸には、シテ島の宮殿とは別に、国王の拠点としてルーヴルの城塞《じょうさい》が堅固に構築された。フィリップ二世が建てさせたのは、まだ宮殿ではなく城塞であった。国王文書の保管やパリ防御のための役割を担い、ヴァイキングのようにセーヌ下流から上ってくる敵軍をここで迎撃できるよう、戦闘に耐えられる拠点として、当時のパリ右岸西端のセーヌ沿いに、築かせたのである。当面は、対抗関係にあったイングランド国王軍が警戒対象であった。その砦《とりで》の基礎部分の遺構が、現代になってルーヴル美術館を整備改修する際に発見され、今ではその古い石組みの一部を地下展示場で見学することができる。

ルーヴルについては第四章以下でも取り上げるが、のちに右岸の市域を広げて新たな市壁を構築させたシャルル五世（在位一三六四～八〇）によって、国王の居住に耐えられるように改造されはじめ、歴代国王の滞在用宮殿の一つとなる。ただし中世から一六世紀の頃までは、国王は何より自ら戦う人でもあったので、ルーヴルやシテ島の王宮、あるいはロワール流域の居城などに、定着していたわけではない。むしろ国王は、戦いのためにはもちろん、統治のためにも、自ら宮廷を率いて移動し、各地に身を置くことで制圧する方式をとっていた。いわゆる移動宮廷スタイルである。

2　セーヌ左岸に始まる新たな学術文化の輝き

キリスト教化への新たなテコ入れ

カトリック教会の教義内容や布教の方針を定めるために、各地で聖職者を集めて開かれる宗教会議とは別に、さらに上位の聖職者たちが集まって、教皇庁としての基本方針を定める公会議という重要会議がある。有名なのは、一六世紀にルター派などの宗教改革派に対抗するために、現在のイタリアのトレント（当時は神聖ローマ帝国の都市トリエント）で開かれた公会議であるが、中世にも五回、いずれもローマ教皇のラテラーノ宮殿で開催されたものがあった。そのうち、一一七九年の第三回、一二一五年の第四回公会議においてそれぞれ、各司教区には必ず一人の神学教育者を配置せよ、また信徒は毎年必ず、自らが犯した信仰上の過ちを聖職者に告白するように定められ、聖職者は聴罪役を果たすとともに、信者に罪をそそぐための苦行などを課すよう、決められた。例えば、ひたすら神と向き合い、自らの信仰を試すために日常から離れ、巡礼に行きなさい、というのはそうした指導の一つである。

中世のこの時期から、教会は、一方では民衆、特に圧倒的多数であった農民の生活文化に示される宗教心が、依然として古くからの異教的要素に満ちている点を問題にし、新たな教化の働きかけを強めだす。都市部の住民においても信仰のあり方が、農民と似たりよったりであったことは、想像に難《かた》くない。なにせ、ラテン語で執り行われる教会でのミサの内容を、民衆が理解していたとはとても思えない。難しい説教では、民衆の心にまでは届かない。ノートルダム、すなわち聖母マリアへの崇敬や、聖人や聖遺物の崇拝やご利益を説き、伝統的な聖水信仰の場にマリア像を置き、あるいは礼拝堂そのものを建てるなどという、民衆の習俗にキリスト教的意味づけを施すような手段もとられていくようになる。民衆の日常生活へのキリスト教浸透をはかりだすのである。

他方ではまた、聖職者たちの信仰レベルを上げることも要請された。一三世紀からは、既存の修道会が改革を進めたほかに、イタリアはアッシジのフランチェスコに始まる修道会、スペインのドミニクスが南フランスで始めた修道会が、それぞれいわゆる托鉢《たくはつ》修道会として、新たに民衆の間での布教にも力を入れて興隆してくる、そういう時代が始まる。

「知の共同体」が形成されていくセーヌの左岸

神学思想の研究とその教育が、重みを増す。教会付属の学校、スコラ（英語のスクール、フランス語のエコールの語源である）が設置され、そうした神学研究と教育を推進するようになる。

パリでは一二世紀には、大聖堂付属のスコラが設置されたのに連動して左岸のサント・ジュヌヴィエーヴの丘一帯に、続々と独立の学校ないし塾も設置され、今で言えばセミナー方式、ないし問答方式での指導や研究が熱心に展開されるようになる。生徒は、これから聖職者を目指す若者だけでなく、すでに聖職についている者たちも、より高いレベルの議論を求めて学びに集まった。これらの施設は、寄宿制神学校としてコレージュと呼ばれるようになり、一三世紀には、セーヌ左岸は学生や学者の多く集まる場となっていく。

そうした展開に先立って、いわば先駆的に一二世紀前半から、「驚嘆すべき哲人」とも呼ばれた高名な神学者アベラールのように、この時代の先端的な思想家が学生たちに講義をし、指導する動きも左岸では起こっていた。アベラールの人気は高かったようである。彼は、エロイーズとの近代風とも言える恋愛書簡のやりとりでも、後世有名となるが、同時代にあってはその理論が教会権力の立場とは相容《あいい》れなかったゆえに、一時破門宣告まで受けた。しかしそれでも彼のもとには、学びを求めて多くの学生が詰めかけたと言われている。知的欲求が、少なくとも一部には渦巻《うずま》いていたということであろう。

ユニヴェルシテの公認

一二世紀末から、教師と学生たちからなる、一種の共同体が形成されはじめた事態を前にして、王都の宗教的・知的充実をはかるべく国王フィリップ二世オーギュストは、これに社団としての正式な認可を与えた。最近のアラン・ド・リベラの議論によると、一二〇〇年一月一五日付のことで、世俗の法制からは独立したステイタスが保障された。この教師と学生からなる学びの共同体こそが、現在では「大学」と訳されるウニウェルシタス（ユニヴェルシテ）である。このユニヴェルシテには、一二一五年に教皇から派遣された特使を通じて、正式な規定も与えられ、教会制度内でも公式な存在とされた。「知の共同体」ないし「学びの共同体」の、公的な誕生である。

研究教育の内容が王権や教皇権の規範を逸脱しないことは前提とされ、例えば教皇庁は、アリストテレスの著作研究は変わらず厳禁したので、すべて自由に許されたわけではないが、それでも組織の運用での自主権の確保は大きな意味を持った。一三世紀以降パリ左岸は、ヨーロッパ各地から来訪した研究者たちの交流と研鑽《けんさん》の地として、他の各地で大学が成立していく上でのモデルを提供したとみなされている。各地からの学者や研究者は、それぞれの出身地ごとにグループを形成した上で、交流したという。この出身地ごとの括《くく》りがラテン語でいうナチオで、のちの言葉のナシオン（ネイション）の語源にあたるが、まだ後世の国家単位のことを意味したわけではない。フランキアというナチオには、現在の中部以南のフランスだけでなくイタリアやイベリア半島からの学者・学生も一緒で、イングランドの括りにはブリテン島だけでなくスカンジナヴィアやゲルマニアも含まれたという。

パリでの学問研究の特徴は、神学を中心としながらも、それのみならず、じきに自由七科（文法、修辞、弁証、幾何、代数、天文、音楽）の研究教育が推進され、広くキリスト教世界の各地から、さまざまな関心を持った学者や学生を引きつけるようになった点である。パリ左岸に成立したユニヴェルシテは、ラテン語を共通言語とする、いわばヨーロッパ・キリスト教圏規模での「知の共同体」となった。二〇世紀後半において中世史研究の刷新に寄与した一人であったジャック・ル・ゴフは、一二世紀から明確となっていったこれらの知的展開を「中世知識人の誕生」と表現している。中心にあったのは神学研究であるが、ル・ゴフが着目したのは、一方で人類全体の「最後の審判」という終末観を維持しながら、現世での労働や行為の価値を問う姿勢、現実の観察や推論を重視する知的な態度、すなわち後世の言葉にすれば「サイエンス（学問ないし科学）」にも通じる思考の深化、拡大であった。そういう観点からル・ゴフは、パリにおける自由学科の発展を重視している。なかでも一種の技術論が展開され、農業だけでなく、織物や建築、金属加工など、具体的な職人仕事と対応しながら、考察が進められるようにもなった、と。実際この頃からパリでは、セーヌの流れを利用した水車が積極的に活用される時代へと進み、経済社会は活気を帯びた。次章で見るように専門的な職人技に立脚した仕事の種類も、百を超える勢いを得ていくのである。

このような新たな発想が、さまざまに登場してくる背景にあったのは、一二世紀からパリの都市活動全体が発展期に入っていたという現実である。一二世紀半ばすぎに、ノートルダム大聖堂の新築という巨大事業が打ちだされえた背景である。パリの市民たちの世界に経済的余裕が生じていなかったとしたら、巨額の出費を伴ったはずのこの種の大事業は、発想すら難しいだろう。気候条件が比較的温暖化し、ヨーロッパ各地で開墾が進み、職人たちの手工業を基盤とした新たな市場経済も、都市を核にして発展していく「大開墾時代」が進みつつあった。この時代を終わらせたのが、一四世紀半ばのペストのパンデミックであったが、ここでは指摘だけにとどめて、都市活動の発展と挫折《ざせつ》については次章で取りあげよう。

3　パリ大学とソルボンヌ

ソルボンのロベールの貢献

ヨーロッパでの最初の大学は、イタリアのボローニャで一二世紀に開設された大学である。主として教会法の研究を進める、法学中心に始まった大学であった。それに対してパリ大学は、一三世紀半ばには神学部と、教会法を中心とする法学部、医学部のほかに、すでに述べたように自由七学科を中心にした学部を備えていたことが特徴であった。この時代の大学や学部は、施設や制度を前提にするのではなく、教師の団体として学生を受け入れ、学位を授ける社団を意味した。パリ大学では当初から、神学などの高度な学びに入る前に、自由学科の学部で幅広く思考力・探究力を向上させることも、入門する学生たちに求められた。このことが、かえって魅力になっていたと言えそうである。

前節で触れたように、パリ大学は多くの学者を各地から引きつけていたが、一三世紀も進むと、ドイツのアルベルトゥス・マグヌス、その弟子になるイタリア出身のトマス・アクィナス（フランス語ではトマ・ダカン）、あるいはイングランドからロジャー・ベーコンといった、後世に大きな影響力を持った仕事を残す錚々《そうそう》たる学者が、パリでの研鑽と教育とに携わることになる。

第一線の学者を引きつけたパリ大学であるが、学生たちは皆が豊かだったわけではない。慈善的に学生たちを寄宿させながら、学問に集中できるよう、寄宿制の学寮がいくつも設置されていた。大学の制度的確立以前から始まったことであった。そうしたコレージュ（寄宿制の学寮）のうち、特にその充実した内容で有名になるのが、一二五七年には設立が確認される学寮、ソルボンのロベールという聖職者が始めたソルボンヌ学寮であった。ソルボンのロベールとは何者か？

ソルボンとは、パリの北東に位置しているアルデンヌ地方の地名である。その地の庶民の出身であったロベール・ド・ソルボン（一二〇一〜七四）は、地元での神学研究や卓越した説教で頭角を現し、やがてパリに上って、時の国王ルイ九世の知遇を得ることになる。ルイ九世は、没後に列聖された唯一の国王であったことが示すように、熱心なキリスト教信者であった。ソルボンのロベールは、国王の礼拝堂付きの聴罪聖職者として採用された。つまり、国王宮廷で直接に罪の告白を聴く役割についたのだから、たいへんな出世である。裕福になったロベールは、貧しいながらも学問を志す聖職者の卵たち、あるいは若い聖職者たちを支援する慈善的な学舎を設立する。それが、ソルボンヌ学寮であった。

ソルボンヌ学寮の先進性と権威化

一六名の寄宿生で始まったというソルボンヌ学寮には、その質の高さを知った志願者たちがつぎつぎと入寮するようになり、実力の高い教師も集まり、この学寮の中の教室で講義や討論を実施することになる。学寮の充実した図書室には、一三世紀末までには千冊を超える書物を備えるようになったという。書物といっても、まだ活版印刷術はない。基本は手稿本、つまりそれまであった聖典や神学・哲学の写本が手書きで作成されていたのであるから、学問研究と教育にとって、そうした手稿本がいつでも見られる環境にあること自体が、当時としては飛び抜けて例外的な好条件であったろう。学生たちは関係する部分を自ら書写し、分冊を作って勉強した。書くこと、書かれたものの重視は、町内での経済活動の発展に伴う台帳や帳簿への記録、あるいは公証記録の広がり、といった社会生活での書記文化の進展と並行して、近世以降へとつながっていく先駆け現象であった。

パリ大学神学部が受け入れる学生は、このソルボンヌ学寮での勉強を優秀な成績で修了することが条件となった。パリ大学での神学の卒業資格試験の一つも、ソルボンヌ学寮での教師によるものとされるようになる。それだけ、ソルボンヌの教育の質が高いと認識されるようになっていた、と言えるのだろうが、また同時に、一種の権威化が進行することにもつながる。しかしまだ中世においては、ソルボンヌ学寮はパリ大学と一体のものとはみなされていない。パリ大学とソルボンヌが一体なものとして位置づけられ、改めて整備の手が加えられるようになるのは、ずっと時代が下って一七世紀前半、ルイ一三世の時代、宰相にして枢《すう》機卿《ききょう》でもあったリシュリューによる介入がなされた時代からである。中世は、もはや遠くなった時代であった。俗に、パリ大学を当初からソルボンヌと呼ぶのは、このようなのちの状態から遡ってそう呼んでいるのである。

一六世紀には、ルターが堰《せき》を切った宗教改革に対抗して、カトリック教会の態度がきわめて硬化するなかで、パリ大学の守旧的な姿勢も強くなっていく。ル・ゴフが言ったように、中世半ばにおいてパリ大学は、時代の先端をゆく知的緊張を帯びた学術文化を発信するところであった。しかしその後、知識世界での評価が確立するなかで、パリ大学、とくにその中核を自任していた神学部もソルボンヌ学寮も、保守的な知的殿堂としての権威的姿勢を強める道をたどる。

中世からすでに、知的殿堂としての地位が確立するほどに、大学のその傾向は強まっていた。それに対して、権威や権力まみれを批判する放浪学生（ゴリアール）も現れ、意図して酒を飲んだり博打《ばくち》をしたり、聖書のパロディを詩にしたりと、パリ左岸のセーヌ沿いに展開していた民衆的界隈《かいわい》を賑《にぎ》わせ、当時の民衆文化ないし町人文化と交差した。真面目《まじめ》な世界からすれば眉《まゆ》をひそめる、しかし活力には満ちた現象も生じたのである。

知的権威の確立という点で象徴的と思われるのは、パリで最初の活版印刷工房が設置されたのが一四七〇年、ソルボンヌ学寮で、そこでの印刷内容や刊本の作成が、厳しい統制のもとに置かれた、という事態である。もちろんその場合、ソルボンヌ学寮がまったく独自に事業展開したわけではなく、パリ大学神学部の権威と一体となっていた。活版印刷技術の普及による、いわゆる「グーテンベルク革命」と書物文化については、もう少しあとの章で言及することになるだろう。

第三章　職人・商人文化の発展と中世末の暗転

1　二〇万都市パリの発展

セーヌ川岸に展開した経済活動

すでに述べたように、セーヌ川は、パリが歴史上重要な位置を占めるようになるにあたって、大きな存在であった。一九世紀に鉄道網ができるまでは、移動のための、そして物流のための重要なルートは、道路だけでなく、むしろ河川が提供していた。パリが、なにゆえ古代ローマの関心の対象となり、そして中世においても、フランクからフランスへと、王国の統治体制が整備されていく過程で、王権の拠点都市として位置づけられたのか。パリのそうした重要性は、セーヌとその水運抜きには考えられなかったのではあるまいか、ということにはすでに言及してきた。

パリ市内に東から流れ込むセーヌ川は、現在でいえばサン・ルイ島の東のあたりから中世の市内に入り、カルーゼル橋の手前でもう市外に出てしまう（ただしサン・ルイ島という名前やカルーゼル橋は中世にはまだない）。すでに触れたように、市域はずいぶん狭かった。セーヌはパリの南西へと流れ出ると、すぐに大きく蛇行しはじめる。ブーローニュの森を巻くようにして流れ、今度は北上してサン・ドニ近くを抜け、また南下と北上を繰り返しながらノルマンディへと向かう。上流でも下流でも、多くの河川を支流として合わせるので、全体の流域はかなりの範囲になり、水運が発達した理由につながっていた。特に重さのあるものは、整備が進んでいなかった道路よりも、水量の安定した水路の方が、圧倒的に有効であった。ロワール川の流域が、国王の一時滞在用の居城を置くには適していても、王国の中心にならなかったのは、ロワール川の流量が季節的に安定していなかったのも一因ではないか、という推定もあるくらい、水量の安定性は必要であったが、セーヌはこの点、問題はなく、むしろ時たま生じる増水の方が問題であった。

中世パリの人口を正確につかむことは、難しい。専門家たちが世帯数の資料などから推定してくれているのは、一三世紀の発展の結果、一四世紀初めには、シテ島と左右両岸の市壁内と、左岸ですぐ西側に隣接して市中と変わらなくなっていたサン・ジェルマン・デ・プレ修道院地区との合計で、約二〇万という数字である。

パリでさまざまな分野の商人や職人が立地したのは、主として右岸であった。フィリップ二世がパリの整備に着手した頃の右岸には、五つの街区（カルチエ）があって、サン・ジャック・ラ・ブシュリ、ヴェルリ、グレーヴという古くからの街区と、サン・ジェルマン・ロクセロワ、サン・トポルチューヌという教会の名が採られた街区である。フィリップ二世が新たな中央市場を設置するなどして、経済活動活性化のテコ入れをしたことについては、すでに触れた通りである。

中世のパリの輝きは、学術文化と足並みをそろえて発展しだした市民生活の活性化、その基盤としての職人による手工業と、その生産物を扱う商業の新たな発展によるところが大きい。一三世紀末から一四世紀にかけて二〇万人にのぼる市民が生活を営んでいた、と推定されているパリは、この時代のキリスト教ヨーロッパ世界にあって、断然トップの位置にあったとみなされている。しかしそのパリでも、一四世紀半ばからはペストの襲来と、いわゆる百年戦争と絡む内戦状態からの影響とで、人口は半減していったと推定されている。

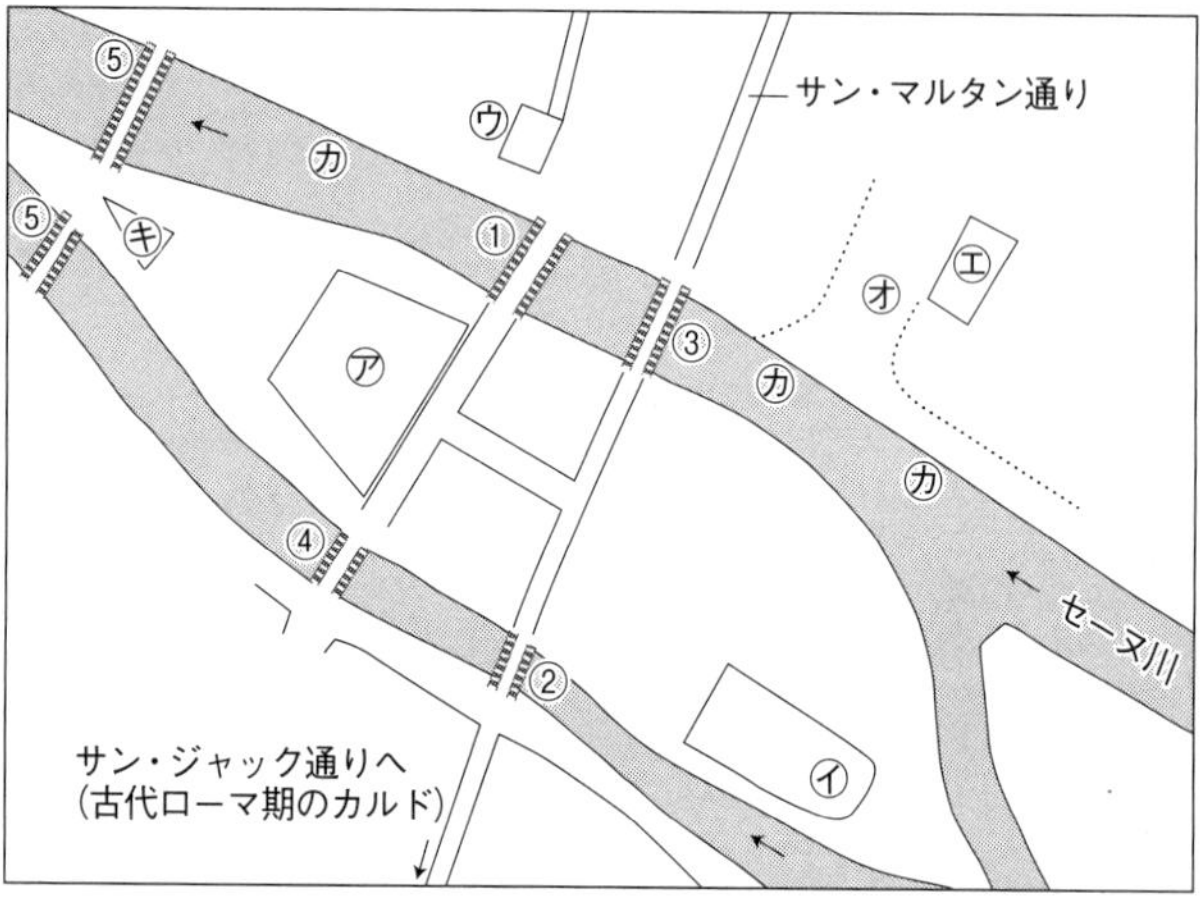

シテ島と両岸を結ぶ橋（近世までの概略図）　シテ島の範囲は古代には現在より狭かった．この概略図は，近世の大まかな範囲を示している．

主要な橋の位置：①大橋，のちに両替橋，②小橋（プチ・ポン），③ミブレの木橋，のちにノートルダム橋，④サン・ミシェル橋，⑤ポン・ヌフ（新橋）．

主要な場所：㋐王宮，㋑ノートルダム大聖堂，㋒シャトレ，㋓市庁舎，㋔グレーヴ広場，㋕セーヌ岸の荷揚げ場（複数），㋖ドーフィーヌ広場．

渡るだけではなかった橋

中世パリの市域は限られていたが、しかし左右両岸、そしてシテ島にも、荷揚げ場がいくつも存在した。中世ではシテ島と右岸とは大橋（グラン・ポン）、シテ島と左岸とは小橋（プチ・ポン）で繋げられ、両橋は、島の中をクランク状に抜ける道で接続していた。一二世紀初めには、シテ島の王宮前に南北の大通りが設定され、現在の王宮前大通り（ブルヴァール・デュ・パレ）の原型が形成されたが、はじめはまだ南側にサン・ミシェル橋はなかった。はじめ新橋と呼ばれたサン・ミシェル橋は一三八七年に完成するが、その後には何回も水圧で流され、架け替えられた。

大橋を右岸に渡ったところには、国王の代官所シャトレががっちりと据《す》えられていて、町の治安に目をこらした。現在ではシャトレの地名は、広場と劇場の名前、地下の大きな乗換駅の名前として使われ続けている。

大橋は一三世紀末に洪水で流され、再建された橋の上には店舗が立ち並び、国王フィリップ四世（在位一二八五～一三一四）は、ここに両替商を集めたので、はじめ両替商橋、ついで両替橋（ポン・ト・シャンジュ）と呼ばれるようになり、その名前だけは現在まで受け継がれている。中世各地には多様な貨幣が流通していたので、経済にとって両替商は重要な存在であった。一五世紀初めまでには、基本的にシテ島と右岸とは両替橋とノートルダム橋、左

18世紀のノートルダム橋　橋上の店舗兼住居の建物から，水夫たちの水上試合を市民が眺めている．この絵が描かれた18世紀半ばには，布地屋，帽子屋，本屋が橋上には多かった．手前に張り出している水上の建物は，渇水対応のための揚水ポンプの施設．

出　典　：D. Chadych et D. Leborgne, *Atlas de Paris, Evolution d'un paysage urbain*, Paris, 1999より．

岸とは小橋とサン・ミシェル橋、それぞれ二本ずつの橋で結ばれる状態となり、右岸との橋には水車も実用のために設置されたが、これらは、増水のために破壊される被害から自由ではなかった。市民たちは、そうした自然とのやりとりのなかで工夫をこらし、生活を共同で組み立て維持する仕組みを作っていた。

中世から近世にかけての都市生活において、橋はただ川を渡る交通手段というだけではなく、その上には商店が並ぶ、今で言えば商店街をなしている場合も珍しくなかった。両替橋だけでなく、ノートルダム橋など他の橋でも、その上には施設や商店が軒を連ねる光景が、市民にとっては至極当然であった。ただし、それらの家屋は火災で炎上することもあったので、一七世紀から本格化する石造の橋のみの状態が、やがて主流になる。家屋の石造化とも、並行する現象である。現在では、フィレンツェのアルノ川に架かるポンテ・ヴェッキオが、主として土産物屋ではあるが、商店の並ぶ橋のイメージを伝えている。パリにはその種の橋は現存しない。

2　ギルドを形成した職人・商人と市民生活

『職業の書』が映し出す生き方

現在では、ためらうことなく「大学」と訳されるユニヴェルシテが、一三世紀の当初は、新たな神学研究をめぐる教師と学生との共同体を示す言葉であったことを、前章で述べた。こうした、いわば同じ職業のための共同体の形成は、これに限定されたものではなかった。もっと広く、多様な商品を扱う商業や、商品を生産する手工業、それらの周辺に成立する都市生活固有の多様な職業についても、職種ごとにこうした共同体、いわゆるギルドが形成されていく時代が始まっていた。

職種によるギルドないし専門別社団組織の形成が、具体性をもってわかる資料として有名なのが、国王のパリにおける代官を務めたエチエンヌ・ボワローによってまとめられた『職業（メチエ）の書』である。ボワローは、十字軍から帰還したルイ九世によって、国王の役人として各地を治める代官（バイイという役職）と同等の役割をパリで果たすべき（課税権と司法権を併せ持った）国王役人プレヴォ・ド・パリに任命された初代、とみなされている役人である。奉行という訳語を与える人もいるが、ここでは代官としておく。ボワローは一二六一年から一二七〇年までその任にあった。それ以前にも、同様の役人は市民に請け負わす方式であったのだが、ルイ九世は、それをより直轄的な位置づけにし直した。それだけ、王都パリの重要性を認識するようになっていた、ということであろう。

この『職業の書』は、一〇一の職種ごとの団体規約が書きあげられている大変興味深い文書で、要するに、各種の職人や商人の団体、いわゆるギルドにあたる同業者の社団が、すでに規定を定めて存在していた、ということである。一三世紀末の租税台帳によると、三〇〇にも及ぶ手工業が数えあげられるというが、それが正しいとすれば、少なくともそのうちの一〇一が、規定を持ったギルドとして成立していて、規定の提出を求めた代官の指示に対応した、ということになる。一九世紀末の一八七九年、手稿文書から校訂して解題付きで活字出版してくれたのは、当時のパリ史に関する史料学の権威レスピナスとボナルドという二人の学者であったが、その校訂本が、ほぼ一世紀後の一九八〇年に復刻された。中世のフランス語文書には疎い私にも、これはじつにありがたい復刻本である。

ここでいちいち列挙はできないが、高級織物や金銀細工の職人もいれば、馬具や兜《かぶと》の職人、石工や左官屋、指物師など、資格のあり方、仕事の仕方、入会の基準、など、細かな様子がわかる。それぞれ職種ごとに、丁稚《でっち》見習いから始まって修業をして一人前の職人になり、親方として店を構えるまでの各種の決まりが、整理されている。職人だけではなく、商品を扱う商人についても挙げられている。ギルドは一種の独占団体の性格を持ちかねないが、どうやら不当な利得行為を阻止する規定もあって、相互に価格協定を設定することなどは禁じられていた。のちに絶対王政期が進むと、修業を終えた職人も、なかなか親方として経営主体となることが難しい時代となるが、勃興《ぼっこう》期の一三世紀には、独占団体としてよりは、むしろ適正な資格を備えた起業・営業を担保するために動いていた、と読めなくはない。過度に理想化することはできないが。

興味深いことに、この時代には蒸し風呂を経営する人たちの社団もあった。残念ながら、風呂がどういう様相であったのかまでは記されていないのだが、「エチューヴ」とあるのでサウナのような蒸し風呂で、解題によるとアラブ社会のものから取り入れられたという。要するに、ムスリム社会でのハマームという蒸し風呂の共同浴場のことを、十字軍遠征などを通じて知り、導入したのではないか、ということらしい。クリュニーの遺構からもわかるように、古代ローマ期にも共同風呂はあったわけだが、これは途絶えて久しいので、確かにアラブからの導入説というのも面白い。ただしこの解釈には、証明資料は付されていない。近世になると、むしろ風呂屋の数は激減していった。肌を人前に晒《さら》すことが、モラルに反するとみなされたからだと言われている。代わりに香水やパウダーの類が発展することになる。習俗も、現代の目からすれば不思議な変化をしてきたとも見える。

職人の社団のなかでも、とりわけ歴史が古く威厳のあった団体が肉屋（ブシュリ）だというのも、象徴的である。この時代にはパリまで歩いて連れてこられた牛などが、セーヌの流れに近いパリのど真ん中、シャトレのすぐ脇《わき》に立地した屠殺《とさつ》・解体作業場で処理され、小売販売までの仕切りをすべて、彼ら肉屋が担っていた。いわば同業者たちの独占団体である。戦う人である貴族はじめ支配階層にこそ重要であった肉という食料を、独占的に扱った彼らは、市政への発言力も強かった。セーヌ川の運搬業を兼ねた商人たちが、大きな支配的権力を持ったのと、同様だったと言えようか。

市民の日常生活の活性化と文化の多様な側面

この中世半ばから、高度な質を持った職人や商人たちの組織が機能しだし、市民生活の質は全体として上がった。のちに、パリの日常生活の歴史について丹念に記録類にあたって研究し、一九世紀の末からシリーズの単行本を出し続けた人に、アルフレッド・フランクランという、本業が図書館司書だった人がいた。彼はまた、ボワローの『職業の書』はもちろん、その他の各時代の記述資料などを克明に調べ上げて、独自に『パリ職業歴史事典』という大部の仕事を、一三世紀からフランス革命が勃発する一八世紀末までについて、一九〇六年に刊行してくれている。これも復刻版が出ていて、われわれがこの時期のパリ市民の生活世界のあり方を問うためには、大変ありがたい手がかりになる事典である。そうした仕事を踏まえてフランクランは、中世・近世のパリの職人に関わる多様な側面を調べた結論として、最も注目すべき日常生活の活性化が見られた、パリ市民にとっての幸福な時代として、一三世紀を挙げている。

経営者でもあった親方職人と、見習い修業中の職人労働者との関係は、同胞意識が極めて高かった。しかも夜間労働は、宗教的意味づけからだけでなく、照明の関係からも物理的にありえなかったので、一日の労働時間は、とくに夜の長い冬には限定されていた。加えて、安息日《あんそくび》の日曜や教会暦に応じた祝祭日の休みを合わせれば、近世以降の、とくに一九世紀になってからの労使関係がギスギスした労働環境より、はるかに人間的だったのではないか、とフランクランは言う。そして高い質の仕事を追求する姿勢は、すでにこの一三世紀の活性化のなかで確立されていた、と言うのである。

職業は、こうした社団に組織されたものだけではなかった。工業化以降とは違って、まだ機械の音がするわけでなく、自動車なども当然ない時代、街角には、社団には組織されていない「雑業」も含め、呼売《よびう》りたちが立てる生の声が響き渡っていたはずである。店先で物を売る商店が姿を見せるようになるとはいえ、各種の生活用品や食料を担いで、あるいは手製の手押し車やロバなどに乗せて売り歩く小売商の声、何かの修繕や手仕事を提供する雑業職人の呼ばわる声、そして水もまた戸別に水道があったわけではない時代には、水を担いで売る、あるいは運ぶ仕事が重要性を持っていた時代、こうした生の声がさまざまに町に反響していたはずである。近世から一九世紀になっても「プチ・メチエ」と呼ばれて続いていた、こうした「雑業」の呼売りの声の世界は、残念ながら音の記録はありようもないが、各時代に絵として描かれて今に伝わっている。いや戦後の東京でも、高度成長が始まる前までは、夏にリヤカーを引いて金魚や風鈴を売る商売や、冬の石焼き芋売りは普通のことであったし、夜鳴きソバや屋台のおでん屋さんなどはつい最近まであったのだから、そうした商売がもっと各種小規模にいっぱい展開していた様相を、かつてのパリに想像してもらえばよい。

他方、商人や職人の社団には、それぞれの守護聖人が祀《まつ》られ、地区ごとに形成された信心会と同様に、守護聖人の記念日や教会暦における祭礼に合わせた活動を、皆で行うことが見られた。そのための宗教行列や宗教歌は、権力の側が組織する行列や教会堂内に響く讃歌とはまた違った、市民間の連帯を示す行為だったと言えるだろう。かつての祭礼は、王権を称揚するため、あるいは教会暦に即したものが中心であったが、なかにはカーニヴァルのような、教会暦に即しながらも、その実態は換骨奪胎《かんこつだったい》したような様相を呈したものもあった。春分の日の後に位置する移動祭日の復活祭、その前の精進期間にあたる四旬節《しじゅんせつ》、その期間に入る初日の「灰の水曜日」は、だいたい二月後半に位置するわけだが、その前日の火曜日は「マルディ・グラ」つまり「肉の火曜日」と言われた。明日から我慢の日が続く前日は、まさに謝肉祭カーニヴァルであり、普段あまり食さない肉の食事を食べて飲んで騒ぐ祭りでは、道化が権力者を茶化して演じたり、日常の秩序を転倒させて見世物にする、といった仕草も含まれたりした。おそらくカーニヴァルの発祥は、農村部で行われた冬送りと春迎えの行事に関連していただろうというのが、のちの一九世紀の民俗学者による意見だが、いつ頃からどのようなプロセスで広まったのか、については

酢を売り歩く男　17世紀にパリの呼売りを描いたボッスによる一連の作品の一つ.「美味しいヴィネーグルだよ！」と，手押し車にのせたヴィネガーの樽から小売りしてまわった.
出典：Musée Carnavalet, *Les petits métiers à Paris au XVIIe siècle*, Paris, 1997より.

資料もなくてわからない。中世後半のパリでもすでに見られたようで、近世以降になると折々に記録され、警察など秩序維持の側は、神経をとがらせることもあった。二〇世紀の前半ともなるとパリのカーニヴァルは、南仏ニースでのものと同様、生活に根ざしたというよりも観光事業化、ないしは商業化した側面が否定できなくなるだろう。

話が先に来すぎたので、戻そう。

王都パリの整備に向けて積極的に関与したフィリップ二世からルイ九世にかけての時期は、市民生活の活性化と、それに伴う芸術文化面での将来への基盤形成という点でも、重要である。

第一章冒頭でも少し触れたが、この時代には、芸術文化の表現は、個人としてのアーチストが自分の作品を発表する、という形式の行為ではなかった。まだ多くは匿名の、ないしはその時代にのみ職人として、工房として名前が伝わる、そういう人びとによる制作物として位置していた。パリなど北フランスを起源とする新たなゴシック建築に代表されるような、独特な様式や構造を持った建築そのもの、それらの内装などの設計者や考案者の名前、あるいは施工者の名前は、ほとんどの場合に残されない。教会の場合、その内部空間を構成したキリスト像やマリア像などの石や木の彫刻類、内陣《ないじん》の石柱や壁面などに彫り込まれた各種の石彫、あるいは聖堂入口のテュンパヌム（フランス語でタンパン）に彫り込まれた教訓的な情景、こうした石彫や木彫の技術、そしてゴシック建築で確立するステンドグラスの高度な製作技術などから生み出された、いずれも芸術的文化的な価値の高い作品であっても、まだ個別の作者名のある単独の芸術作品というより、部分として全体構成に寄与する高質の作品として位置づけられ発展していた。それは、各種の装飾品や装身具、宝石や金属の加工や、織物などの場合でも同様である。

そうした各種の高度な作品は、その発注者や購入者がいて経済的に成り立つ。それには国王や諸侯と宮廷の存在、高位の聖職者や豊かな教会、富を集積し動かす商人、成功した親方職人などに代表される上層市民の存在が重要であった。また取引の範囲も、パリとその周辺のみではなかった。遠隔地を含めて、その範囲は相当に広くなっていたと考えてよいだろう。また、ものの取引がなされるということは、情報の流通も広がることを意味していた。

国王政府と市民

国王政府とパリ市民との関係は、国王が活性化への刺激を与え保護するパトロンの役割、市民側が庇護《ひご》を受けて貢献する者の役割で、うまく機能している間は問題なく進む。しかしそうならなくなると、両者の関係はいろいろなきしみを示すようになる。

例えば、国王ないし国王政府が、対外戦争の場合を典型として、国政の展開のために都市への課税を強化したい、つまりは税金をもっと集めたい、という動きに出れば、時にそれは市民の強い反撥《はんぱつ》に出くわすことになる。

　フランス王国を強国として押し立てるべく強引とも言える政策を次々と展開したフィリップ四世（在位一二八五～一三一四）は、ローマ教皇と対立することを厭《いと》わず、財政基盤の拡充のために、パリにあったテンプル騎士団の資産も没収した。このあたりの展開そのものはここでの主題ではないので、佐藤彰一《さとうしょういち》『剣と清貧のヨーロッパ――中世の騎士修道会と托鉢修道会』（中公新書）にわかりやすく書かれている説明を参照してほしい。フィリップ四世は、パリの政治拠点化を追求して、シテ島の王宮を統治制度の整備に即して増築強化し、のちの全国三部会にあたる三身分代表の諮問会議を最初に、まだ完成途上であったノートルダム大聖堂で開いたことでも知られる。一三〇二年のことである。その後も、都市の指導的地位にある市民の力を、王国統治に利用する方向を模索していたようにみえる。

　しかし、市民の国王に対する姿勢は、いわば実利とのバランスを常に念頭に置いたものであったと言ってよいのかもしれない。そこまでドライに割り切っていたかといえば、断言するのは難しい。しかし、自らもパリの自衛のためであれば武装して敵と対峙《たいじ》することを厭わなかったパリ市民と、そのリーダー層の自治的な姿勢は、そしてまた時に極めて戦闘的な、ないしは暴力的とも言える姿勢は、次節で述べる「百年戦争」とそれに伴う内戦の時期にも、変わることなく一貫していたようにみえる。その様子は、堀越孝一《ほりこしこういち》訳の日本語で読むことのできる一五世紀前半の『パリの住人の日記』という貴重な資料からも、十分に窺《うかが》うことができるのである。

3　危機の時代のパリ

重なる災禍

パリの町は、一二世紀以降そのまま順調に発展していけば、なんと素晴らしかったことかと思わせるのだが、しかし一四世紀半ばには、中央アジアから貿易船に乗ってイタリアに輸入されてしまったペストが、中間宿主のネズミとともに交易路沿いに、ヨーロッパ各地にもパンデミックとなって襲いかかった。この大流行で、ヨーロッパ全体の人口は三分の一が失われたとも推定されている。パリも例外ではなかった。パリでの正確な実態については資料が十分になくてわからないのだが、一五世紀には人口が一〇万のオーダーにまで減少していた、と推定されているので、被害は深刻だった。一四世紀半ばに生じたこのショックは、パリ中心にあったイノサン墓地では埋葬しきれないほどの死をもたらした。骸骨《がいこつ》で描かれた

「死」が、階層男女の別なくあらゆる人の手を引いて黄泉《よみ》の国へと誘う「ダンス・マカーブル（死者の踊り）」の図像が、墓地の壁面などに描かれた。

この時期に注目されるのは、もう少し前の時代の「最後の審判図」のように、皆がこの世の終末を同時に迎えるという終末観よりも、一人一人が死の床で裁きを受けるイメージが前面に出てきていることであろう。これを安直に個人主義的世界観につなげるのは控えるべきかもしれないが、世界の見方、関わり方に、なにがしか変化の兆しが出ていたことは間違いない。一四世紀から一五世紀にかけては気候の全体的寒冷化もあって、ヨーロッパの「大開墾時代」は完全に終わりを告げた。

さらに加えてフランス王国では、カペ朝の直系男子の王統がついに途絶えた。フィリップ四世没後に、三名の息子があいついで早世したことにより、直系の後継者を喪失したフランス王位は、四世の弟であるヴァロワ伯シャルルの息子が、ヴァロワ朝フィリップ六世（在位一三二八〜五〇）として引き継いだ。これに異を唱えてフランス王位継承を主張したのが、イギリス国王のエドワード三世である。彼の母親は、イギリス王家に嫁いだフィリップ四世の娘であったから、孫にあたる自分の方が直系だ、と主張したのである。これが、一三三七年に戦端が開かれた、いわゆる「英仏百年戦争」の開始となった。

疫病と気候の悪化と戦役、近代以前の伝統的な時代の「三悪」とも言える要素が揃《そろ》ってしまった一四世紀半ばから一五世紀半ば過ぎまでは、文字通り、死がいつでも隣《となり》に常在しているかのような時代となってしまうのである。

「百年戦争」とパリ

いわゆる百年戦争期のパリについて、気をつけておくべき点を整理しながら要点を見ていこう。

第一に、「英仏百年戦争」といっても、近現代のようなフランスとイギリスという二つの国家が戦争したのではない。まだこの時代には、国境線で囲まれた領域国家としての確立がなされていたわけではない。この戦争は、フランス王位の継承権をめぐる武力闘争で、両国王に従った諸侯勢力も、常に安定していたわけではなかった。皆、虎視眈々《こしたんたん》と勢力拡大を狙《ねら》っていた。フランス王位の継承が問題となっただけに、戦闘の場は、もっぱら大陸側であったが、イギリス王家の所領も現在のフランス領域内に広く存在し、当時フランス王家の側は、それらを奪取してフランス王国に組み込むことを狙いとしていた。それらの点で、一世紀以上前のフィリップ二世によるイギリス国王軍との戦闘とも共通する、いかにも中世的な性格の戦いである。

第二に、最終的にイギリス国王軍が撤退し、フランス王国がカレーの港町を除く大陸側を確保したのが一四五三年であったが、その間は、何度も講和と戦闘再開が繰り返され、いわば断続的に局地的な戦役が続いたのであって、常に王国内の各地が戦場として荒廃したわけではない。イギリス国王軍の長弓が戦果をあげることに貢献したとはいえ、まだ銃砲が大きな位置を占める直前の時代であったので、非戦闘員も多数巻き込まれてしまう近代戦争のような状況はなかった。「百年戦争」というのは、当然ながら後付けの名称である。

そして第三は、フランス国王シャルル六世（在位一三八〇〜一四二二）が精神疾患に陥り、イギリス国王軍とは休戦中にも、王統の系譜にあるブルゴーニュ公を中心とする摂政《せっしょう》勢力と、それに対抗する王弟オルレアン公を中心とした勢力とがフランス内部で対立し、相互に暗殺などを展開したことで、一五世紀に入るとフランスは内戦状態に陥ったことである。そこに再開した英仏間の戦闘が絡み、イギリスと組んでもフランス王位を取りたいブルゴーニュ派と、シャルル六世の息子で正当な継承者シャルル七世を主張する王太子とその支持者たち、いわゆるアルマニャック派という、二派に分裂しての内戦となった。

形勢不利となったシャルル七世のもとに馳《は》せ参じて、イギリス軍とブルゴーニュ派の軍勢を破る先頭に立ったのが、神のお告げに導かれたという乙女、かのジャンヌ・ダルクである。この形勢逆転で、シャルル七世はランス大聖堂での成聖式（即位式）をあげ、その後のフランス国王軍による勝利へと展開していく。ちなみにジャンヌは、その後に囚《とら》われの身となり、まだイギリス国王軍の支配下にあったルアンで異端審問を受け、火刑に処せられたことは有名であろう。魔女裁判同様、悪魔に身を売ったとされる者が火刑に処せられた時代は、なんと一七世紀初めまで続く。ジャンヌが「救国の乙女」として再評価されるのは後世のことで、特に一九世紀から広まり、愛国主義のシンボル的存在に祭り上げられるのは、二〇世紀に入ってからである。

百年戦争が終結しても、フランス王国内部がすぐに王権のもとで安定したわけではない。シャルル七世に反抗的であった息子ルイ一一世（在位一四六一～八三）は、即位するとまさに荒ぶる国王となり、諸侯を制圧することに邁進《まいしん》した。ここでは、王政そのものの展開が主題ではないので、この点はここまでにして、パリとルネサンスについて取り上げる次章において、また言及が必要になるだろう。

4　パリの戦闘的な自治の姿勢

商人頭の役割

百年戦争期には、パリ周辺には野盗集団も出没して、また市内でも国王派とブルゴーニュ派との党派争いの結果、凄惨《せいさん》な殺し合いまでもが生じることがあった。いわば「百年戦争」期の政治の対立軸が、パリ市政にも直結して反映されていたのである。前出の『パリの住人の日記』にもそのあたりのことが、しきりに出てくる。

一方で手工業生産の洗練が進み、商人たちの活動も活性化していたので、一三世紀のルイ九世の統治期以来、国王代官（プレヴォ・ド・パリ）が置かれたことは、すでに説明した。この国王代官とは別に、市政の側を代表する役割を担ったのが、パリ商人頭《がしら》（プレヴォ・デ・マルシャン）という役職である。これもまた、ルイ九世統治下に正式に設置されたもので、当初は、セーヌの水運業の親方商人代表が、市参事会での市民代表として、後世でいえば市長にあたる役割を、担うことになった。

百年戦争期にも、上層市民の擡頭《たいとう》は続いていたが、他方、市内ではイギリスと組んだブルゴーニュ派と、それを支持する上層市民、それに対してヴァロワの王権につこうとする市民、それら両者とも異なる位置を取る市民など、内部は決して一枚岩ではなかった。すでに見たように、気候寒冷化に伴う食糧危機と疫病が常につきまとうなかで、一五世紀には人口は一〇万ほどに半減し、しばしば市民生活の混乱も生じた。しかし市政の自主的な権限のもとで、市政を司《つかさど》る商人頭や参事会の位置づけが明確化し、混乱と秩序化とが同居していたのが、中世末のパリである。

エチエンヌ・マルセルの反乱

パリ市民の行動で目につくのは、その自治意識の強さであろう。商人頭によるリーダーシップも、通常は大きな問題が生じることもなく、王権と市民の活動とが対立しあうことは多くはなかった。しかし、戦争に伴う課税強化などの動きは、市民の反撥につながる。その強烈な事例は、百年戦争の前半において、イギリス軍の捕虜《ほりょ》となってロンドンに拘束されたジャン二世（在位一三五〇～六四）の摂政を務めた、のちのシャルル五世（在位一三六四～八〇）の王太子（皇太子）時代に、王権による統治の強化と課税に反撥して起こされた、商人頭エチエンヌ・マルセルの反乱（一三五七～五八年）であろう。

マルセルは、裕福な毛織物商人であったが、商人頭としての動きが他の反乱と異なっていたのは、戦争遂行のためのジャン二世による課税強化や、そのロンドン捕縛後の身代金調達のための王太子政府による課金への反撥など、よくある対応だけでなく、王太子政府を担っていた側近重臣の解任要求や、政府は三部会の決定による拘束を受けるべきだとする、一種の議会制度的な主張を先駆的に掲げた点であった。その発想がどのように由来したのかは不明だが、フィリップ四世による三部会開催という先行事例があり、ジャン二世もスムーズな政策遂行を念頭に、三部会を何回か召集していたという先例があった。

しかも王太子政府と対立したマルセルは、手勢の行動派市民とシテ島の宮廷に詰めかけ、王太子シャルルの面前で側近の要人二名を殺害するという、直接行動も辞さなかった。市民代表だが、いわば荒ぶる武闘派の面を持っていた。すでに知性派として知られていた王太子シャルルも、おそらくは驚愕《きょうがく》したのではないか。その後の王太子シャルルの行動は、きわめて用意周到に、一時パリを脱出して周辺諸侯の支持を取りつけ、マルセル指揮下のパリを孤立させる展開をした。物資不足に不満を募らせたパリ市民が、反マルセルの動きを起こすように誘導したとも言える。ここで、この乱の顚末《てんまつ》に詳しく立ち入ることはできないが、結局マルセルが、対立した国王派の市民たちによって殺害され、マルセル派の反乱はあっけなく終わる。それは、彼が、ナバラ王シャルルという、ジャン二世の娘婿《むすめむこ》にあたる人物と行動を連携させ、他の市民たちから反撥を受けたことにもよっていたようである。フィリップ四世の孫にあたるナバラ王シャルルは、王太子シャルルとも対立してフランス王位を狙い、手勢としてイギリス人傭兵《ようへい》も用いた人物だったのである。

即位後のシャルル五世は、「賢明王」といわれたように、軍事面ではベルトラン・デュ・ゲクランという人格的にも優れた軍人に指揮を委《ゆだ》ねるなど、適材適所の人事配置に心を砕いた。パリとの関係も、シテ島の王宮の隅にある方形の塔に大時計を設置させ、市中の鐘を含めて市民生活の時間を、この王宮の時計に準じて組織するよう指示するといった、いわば象徴権力のようなソフト路線も統治に採用した。大時計の完成は一三七〇年のことである。時計塔と大時計は、今もシテ島の同じ位置にある。また、のちの国立図書館の遠い前身にあたる国王図書室を設置して、学知を重視し続けた人でもあった。

のちのちまで続く自治の主張

危機の時代にも、王権と市政は、対立ばかりしていたのではない。シャルル五世時代にはまた、右岸の城壁は外側に拡大して構築し直されるのだが、この資金も労力も必要とする大事業については、王権と市政とは協調関係にあったようである。市民の側は、ことがらの性格を正確につかんで判断する姿勢があったのかもしれない。

他方またパリの住民の間でも、上層市民と、職人労働者や雑業者、失業者とでは、当然利害のあり方も違えば、状況認識も異なっておかしくない。シャルル六世時代となってすぐ、パリ市中で一三八二年に生じたマイヨタンの反乱が、課税をめぐる、上層市民に対する一般市民の異議申し立ての性格を持っていたと言われてきた。これには異論も唱えられているようだが、市内の利害はさほど単純ではなく、疫病と戦争への備えが重荷として絡み合い、錯《さく》綜《そう》していたと言うべきかもしれない。つまり一枚岩ではなかった。

国王の側は、パリの重要性を踏まえて商人頭や助役にも息のかかった人物を据えようとするようになり、しかし市民の側も、自治の体制が揺るがされれば、実力をもってでも対抗する姿勢は、のちのちまで堅持し続けていくことになる。一七世紀半ばにおいて、ルイ一四世の宰相マザランの強権的政治に対する「フロンドの乱」の際に、パリ市民たちも参加して激しく闘ったのは、こうした自治の伝統が大きく作用していたと言えるだろう。一八世紀末のフランス革命期のパリ市民の動向や、一九世紀後半のパリ・コミューンの決起もまた、こうした歴史的な伝統に立っている面があった。

第四章　ルネサンスとパリ
——王都から王国の首都へ

1　ルネサンスの魅力とイタリア戦争

ルネサンスに魅了される国王たち

前章で述べたように、いわゆる百年戦争終結後に、王権のもとでの国内支配強化を推進したルイ一一世は、一方で各地に軍事行動を展開したが、他方では、北部フランドルでも展開していたイタリア発信の「ルネサンス」にも、強い関心を示していた。このルネサンスと言われる文化芸術の活性化が、一五世紀にイタリア半島中北部トスカナの中心都市フィレンツェから発展したことは、すでに周知のことだろう。その展開は、イタリア内部ではローマなど各地へ広がると同時に、ヨーロッパ北方では、繁栄していた地中海交易による経済的関係を土台にして、フランドル一帯、いわゆる歴史的な低地地帯（ペイ・バ）にまで大きな影響を及ぼしていた。一五世紀前半にフランドル絵画の名を高くしたファン・エイク兄弟の作品で、美術史上でも有名である。当時フランドルは、フランス国王が叩《たた》くべき相手としてきたブルゴーニュ公の勢力範囲であった。

フランドル伯領やブルゴーニュ公領、さらにはブルターニュ公領をめぐる政治史は、ここでの主題ではないので立ち入らない。ルイ一一世以降のフランス国王たち、すなわち、自ら軍勢を率いてイタリアはナポリまで攻め込んで、その後に断続的に長く続く「イタリア戦争」の火蓋《ひぶた》を切ったシャルル八世（在位一四八三～九八）、ついでルイ一二世（在位一四九八～一五一五）、そして強い王国確立に邁進したフランソワ一世（在位一五一五～四七）、その次男アンリ二世（在位一五四七～五九）へと、イタリア戦争の時代を生きた国王たちは、一方で戦いの先頭に立つ荒ぶる王たちであったが、他方では、フランスの政治経済面はもちろん、文化的な威信の高揚にも腐心した国王たちである。彼らにとって、イタリア・ルネサンスの輝きは、文化的にも経済的にも大きな魅力であった。

これらの国王たちは、自ら戦地に赴くだけでなく、平時にも、配下の者たちを率いて各地を歴訪し、その威勢をもって国王としての強さを示す、いわゆる「移動宮廷」方式の統治スタイルをとっていた。各地における、国王一行の厳かで華やかな入市式（入城式）は、権威や序列を可視化して演じる重要なイベントであった。そうした支配方式をとる彼らの拠点は、王国行政機構を置いていたパリよりも、むしろロワール流域などの城館に置かれた。なぜだろうか？　百年戦争の後半、アルマニャック派、すなわち国王派の拠点地域が、ロワール流域から南に位置していたからであろうか。そうしたなかで、王国内にルネサンスの成果を導入することに熱心で、パリの王都としての再整備にも積極的に乗り出していくのが、フランソワ一世である。

フランソワ一世とルネサンス的関心

フランソワ一世が、晩年のレオナルド・ダ・ヴィンチを自らのもとに招聘《しょうへい》し、ロワール流域の城館の一つで厚遇したことは、よく知られている。ダ・ヴィンチは、人生最後の数年をその地で過ごし、一五一九年に没した。王は、他にも人文学者や画家、芸術家だけでなく、建築家や技術者をはじめ、多くの有能なイタリア人を王国に招聘して、国力増強に助力してもらう。いわばヘッドハンティングを積極的にしたのである。

女性のハンティングでも名を残した国王であるフランソワ一世だが、彼の知的ルネサンス理解には、王母ルイーズ・ド・サヴォワによる直接の教育が、大きかったのではないかと言われる。王母は、極めて有能な政治力も備えた教育者であった。そして王の二歳年上で一緒に教育を受けた姉、優れた人文学を身につけていくマルグリットからの、強い影響によるところもあったと言われる。ボッカチオの『デカメロン』の向こうを張って『エプタメロン（七日物語）』という文学作品などを書いたマルグリットは、のちにナバラ（フランス語ではナヴァラ）王妃となって新教派を擁護した人であった。その孫が、やがてアンリ四世として宗教戦争を収めることになるのだから、歴史は巡り巡ると言うべきか。

一六世紀前半に、ガルガンチュアとパンタグリュエルという大食の巨漢の父子の物語として、いわば人間らしさの礼賛を寓話《ぐうわ》的に描いたフランソワ・ラブレーという作家が出た。彼は医者で聖職者でもあり、人文学者とも言える、多才なルネサンス的フランス人である。現世への皮肉も込められている物語は、教会権威からは攻撃されたが、国王フランソワ一世は、彼を帯同して公式旅行に出ることも厭わなかった。国王が何を考えてそうしたのかはわからないが、いかにもルネサンスと人文主義への王の関わり方を象徴するような行動に思える。二人のフランソワの会話を、小説家的才能があれば想像してみるのも悪くないと思わせる。

フランソワ一世の後継者となる次男の婚姻《こんいん》相手にカトリーヌ・ド・メディシスを選ぶにあたっても、王の意向が大きく働いた。メディシスとはもちろん、フィレンツェでのルネサンス最大のパトロン、メディチ家のことである。フランスに嫁いできたメディチ家のカトリーヌは、生活習俗があまりに粗野なことに驚いた、という説がある。その真偽はともかく、一六世紀から一七世紀へと続くイタリアへの憧憬《しょうけい》は、のちにこの時期がイタリアかぶれのフランス（ラ・フランス・イタリエンヌ）と表現されるほどであった。

フランソワ一世とパリのルネサンス

実態としては移動生活が多かったフランソワ一世が、改めて、自らの主たる居城はパリである、そのためにルーヴル城を改修する、と明言したのは一五二八年のことである。王国にとっての経済的、文化的中心はパリ以外ではありえない、それが王国のまとまりと政治的安定にもつながる、そういう国王の判断である。正式書簡が、パリの商人頭と参事会に宛《あ》てて発信された。これ以降、一六世紀後半の宗教戦争に伴う内戦や、一七世紀半ばのフロンドの乱での王政との対立、ルイ一四世によるヴェルサイユ宮殿新築と宮廷の移動など、なおパリを取り巻く政治情勢は静かではないが、しかしそれでも、フランスの圧倒的中心都市としてのパリの地位、実質的な王国首都としての地位は、揺らぐことはなかった。

実際にフランソワ一世は、ルーヴル宮殿の大改修への一歩を踏み出させた。かつての建築作業は、極めてスパンの長い歳月のなかで進められる。ルーヴルの改造は、次のアンリ二世とその王妃カトリーヌ・ド・メディシスの手によって引き継がれ、さらには宗教戦争期を越えてまで続いていく。宮殿本体部分の改造だけでなく、西に新設されるチュイルリー宮殿と、そこまで結ぶセーヌ川沿いの回廊、そして新しいチュイルリー庭園と、まったく装いを新たにすべく進められていった。王妃として、ついでアンリ二世の事故死ののちには、子息の国王即位に対応して王母となって影響力を発揮したカトリーヌは、自分の知るフィレンツェの宮殿と庭園のようなイメージを、パリでも追求したと言われている。王宮と庭園の西への拡大は、やがて後世にはシャン・ゼリゼ（もとの意味はエリゼの原）開発への展開につながっていく。全体的な市域の拡大と新たな市壁の構築についても、フランソワ一世が起用したイタリア人技師ベラルマによって、特に右岸において追求されはじめる。それには、正確な位置を全体的に共有する必要も出てくる。パリ全図の作成が、これもフランソワ一世によって発注された。こうした地理空間の全体構造を把握する狙いも、このルネサンス期から明確に登場してくるものであった。都市を美しくする競争は、ルネサンスの本場イタリアでこそ先行していた。

しかしパリとフランソワ一世とのつながりで最も目立つのは、ルネサンス様式で新築されることになる市庁舎（オテル・ド・ヴィル）であろう。その設計建築の中心になったのは、ル・ボカドーロと俗称されたイタリアの建築家ドメニコ・ダ・コルトナで、一五三三年七月に着工された。一通りの工事が終わり完成するのは一六二八年、ルイ一三世の時代であるか

17世紀の市庁舎とグレーヴ広場　ルネサンス様式の庁舎と，セーヌ川の荷揚げ場につながるグレーヴ広場の賑わい．
出典：Philippe Simon (éd.), *Les Premières fois qui ont inventé Paris*, Paris, 1999より，17世紀の版画．

ら、なんとも息の長い事業である。その間も、工事終了部分での業務は開始された。新築以前、パリの経済活動では不可欠であった同じグレーヴ広場には、一四世紀半ばからメゾン・オ・ピリエ（柱の家）と呼ばれる市の集会所があり、それは、王政への反乱で名を残したエチエンヌ・マルセルが商人頭の時に購入したものであった。新たに国王の肝いりで市庁舎が建てられるということは、市政が国王の意向に沿った方向をとることを暗黙のうちに示す意味合いを持ったかもしれない。しかしパリの場合には、やがてフランス革命が市政革命として展開しはじめたように、なかなか一筋縄では進まない。

ボカドーロ設計の見事なルネサンス様式建築は、一八七一年のパリ・コミューンに伴う内戦での火災で焼失する。現在の市庁舎は、それを一部拡大再建した一九世紀建設のものだが、見事な歴史的再建である。現在まで、下手に高層化などしなかったところがパリらしい。

2　世界のなかのフランス、その王国の首都としてのパリ

「幻想のアジア」への挑戦

スペイン王国の資金を得たコロンブスの船団が、大西洋を横断してカリブの島を「発見」したのが一四九二年であったことは、あまりに有名であろう。この時期から、世界が一体化へ向かう展開については、ここでの主題からは外れるので取り上げないが、王都パリの実質的復活にとって大きかった一六世紀が、まさにそれが本格化しだす時代であったことは、念頭に置いておきたい。経済活動のスケールも、芸術文化の視野も、一国や一地域に収まるものではなくなりつつあった。

フランソワ一世も、まだ見ぬ「幻想のアジア」を意識して、ノルマンディの港町サン・マロを拠点としていた航海者ジャック・カルチエを、大西洋横断航海へと派遣した。一五三四

年からのことで、「西廻り航路」でのアジア到達を目指したのである。依然としてこの時代に「アジア」とは、豊かな富に満ちた、到達すべき未見の地であった。カルチエが何回かの航海で到達し、定着を試みたのが、いまのカナダのケベック一帯である。

この事業は、フランス本国の政治状況が安定せず、いったん中断した。フランソワ一世の後継者アンリ二世の治世下にも、フロリダや、さらに南アメリカ大陸にも遠征隊は派遣されたが、これもまた中断せざるをえなかった。いずれも、宗教戦争に伴う国内の混乱が収まったのち、一七世紀から再度、本格化してゆくことになる。それでも、ポルトガルやスペインの後を追ったオランダやイギリスには、フランスは後れをとる形となるのである。

王国統治の制度整備と宗教文化

「イタリア戦争」と呼ばれる、イタリア半島を舞台にした「国際戦争」は、ヴァロワ家のフランスと、スペイン・ネーデルラント・オーストリアを支配下に置くハプスブルク家との、勢力圏をめぐる抗争に、イタリア半島の諸国家はもちろん、イギリスの王朝や教皇庁などが複雑に絡む国際的性格を持っていたが、他方では、それぞれの視野はすでに世界に広がっていた。敵の敵は味方になりうる。情報戦や外交戦略も、この時代から自覚的に追求された。例えば、スレイマン大帝のもとで強力だったオスマン帝国は、ムスリムではあるが、ハプスブルク勢力を叩くためには、フランスが協力関係を結ぶべき相手となる。実際オスマン帝国は、ウィーンを陥落させる一歩手前まで勢力を伸ばしていた。

世界が連動していく情勢下で、フランスはじめヨーロッパ各国は、国土の保全を前提として国家の統一性を高めていくことに着手しはじめる。フランソワ一世と、その配下の法律の実務家たちは、司法や財務に関わることをはじめとした官僚体制や法体系について、まだ近代国家とは異質な性質を帯びたものではあったが、国家としての統一的な組織化を意識して進めようとした。

一五三九年には、フランソワ一世の名において、実に一九二項目に及ぶ規定をもった「ヴィレル・コトレの法令」が出される。ヴィレル・コトレは、パリの北東七〇キロメートルほどにある町で、王の城館があった。注目される点として、二点のみ押さえておこう。

第一は、文書主義と国家言語統一に向けての第一歩が踏み出されたことである。法令や裁判等の実践は、公文書として記録に残すこと、それにはラテン語や各種の地域言語ではなく、フランス語で記すこと。パリを中心としたイル・ド・フランスの言語の使用が、全国の公的文書で義務づけられた。まだ、体系的な言語整備が進んでいたわけではなく、一九世紀から二〇世紀に至るまでフランス各地には多様な生活言語が生き続けてゆくのではあるが、少なくとも公的文書での統一が命じられたことの意味は大きい。後述するように一七世紀からは、パリに設置されるアカデミーがフランス語の整備に乗りだし、それは現在にまで延々と継続される事業の起点となる。

そして第二には、中世以来存在してきた各小教区で、教区民の洗礼と埋葬の記録を必ずつけ、毎年それを国王役人に届け出ることが義務化された。いわば戸籍登録の原型にあたるものを、教会組織の末端を用いて実現することであり、王国はこれを集約することで国勢を知り、人頭税などの徴税システムも整備できるはずであった。小教区簿冊には、その後に婚姻の記録も義務づけられ、教区民と教区司祭の関係は、特に小さな町や村では、人々の一生に即して生活全般に及ぶものになっていく。

このような制度を動かすにあたっては、フランスの教会がローマ教皇庁の統制支配下にあるのではなく、王権のもとにこそ統制できることが望ましい。この点で、フランソワ一世は、中世のフィリップ四世以来もめ続けてきた国王と教皇との権限関係をめぐって、一五一六年にローマ教皇レオ一〇世との間でボローニャ政教協約を結ぶことに成功していた。それにそって、フランス国内の教会は徹底して国王の統括のもとに置かれた。国内の聖職者の任免は国王の権限下にあり、教皇庁が国王の頭越しにフランス国内の教会を左右することはできないという、いわゆるガリカニスムである。こうした国王の強い立場を認めた宗教協約が締結できたのは、折からのイタリア戦争でフランソワ一世が、当初は破竹の勢いで攻め込んで、北部イタリアを制圧した時点をうまく捉えたからであった。このフランス王国の「ガリカン教会」体制は、一八世紀末のフランス革命による廃止まで継続してゆく。

こうした国家制度の統一的整備への動きは、まだ第一歩と言うべき段階で、すぐに十分に実現したものではない。現に一六世紀後半には、新旧のキリスト教をめぐる対立が政治権力をめぐる抗争と結びついて、国内もパリも一時、内戦状態に陥った。しかし、変わりゆく方向性が、崩れ去ることはなかった。そうした全体的な動きのなかで、パリは国王の拠点、王都としてのみならず、王国の首都機能を持つべき存在へと、さらに位置づいていった。

3　人文主義と学術文化の再活性化

フランソワ一世の微妙な宗教的立場

フランソワ一世の宗教的・知的立場というのは、なかなか微妙である。ルネサンス期の文化興隆のパトロンとなっていたローマ教皇庁は、ルターに端を発した教会改革の動きにはまったく否定的で、宗教的には極めて保守的であった。それに対しては、国王は明確に一線を画した。教会の保守派と対立していたフランス人文主義の代表的な学者ジャック・ルフェーヴル・デタープルを、フランソワ一世は師と仰いで、一貫して支持し続けた。ルフェーヴルは、聖書や福音書のフランス語訳を推進した人で、カトリックだが、教皇庁の権威主義的な姿勢とは対立していたのである。王は、外交政治の上では、オスマン帝国やドイツのルター派諸侯と結ぶことも辞さず、現実主義的対応を追求するが、しかし王国がカトリック教会を基本とする点は一歩も譲らない。国内におけるカルヴァン派の活動それ自体を弾圧することはしないが、カトリック批判が、国政に絡むような場合になると、それに対しては徹底的に弾圧する姿勢をとった。宗教協約でフランソワ一世が確保したガリカニスムの立場、国政上の宗教の位置づけに関する国王の権限からしても、カトリックにせよカルヴァン派にせよ、国王政府に混乱をもたらそうとする動きは潰《つぶ》すのが責務だと、考えていたのかもしれない。推論であるが。

活性化した古典研究へのサポート

王政に批判的な動きを示す勢力には、どの傾向であろうと武力制圧する姿勢は崩さないが、他方、通常の宮廷内では、政治や武力の世界とは別の次元として、文化的素養が評価されるようになる。すでに触れたように、王母ルイーズや姉のマルグリットが示したような、一方で政治的判断に優れると同時に、他方で文化について深い会話もできる、という姿が重視された。これは次章で見るように、やがて一七世紀ともなると、さらに明確な様相をとるようになるだろう。

現在のパリの左岸、ソルボンヌのすぐ隣に、コレージュ・ド・フランスという国立の研究教育機関がある。現在では物理学などの講座も設けられているが、主として人文社会系分野の最高峰と言うべき学者が、無料の市民公開講座を開き、また実力のある研究者たちと共同研究を組織し、若手も育成している。大学の学部学科や大学院の専攻のように、専門分野組織の連続性が前提ではなく、あくまで、選抜される優秀な学者が定年まで主体となる組織で、グローバルな学問世界に冠たる研究機関だと言ってよい。最近は予算面で苦労しているとも聞くが、長年、国家予算で、こうした独立的な研究教育機関が維持されてきたのは、国家社会の文化レベルという面からしても、フランスという国の見事な見識と言うべきだろう。

この現代の組織コレージュ・ド・フランスの遠い前身にあたる施設の設置が追求されはじめたのは、一五三〇年であった。当時随一の古典研究者ギヨーム・ビュデの熱意に応じたフランソワ一世の動きである。ローマやルーヴァン（現ベルギーの古都）などには、すでにこうした研究教育施設の設置が行われていた。ところが、保守的な姿勢を強めていたパリ大学神学部からは激しい横槍《よこやり》が入った。この動きは、国王をかえって焚《た》きつけたかもしれず、フランソワ一世は断固たる姿勢でこれを押しのけ、一五三四年に、ラテン語、ギリシャ語、ヘブライ語の三言語での古典を研究し、市民に公開する講座を、自らの庇護のもとに開設させた。古典古代の文献研究は、まさしくルネサンスの学術面での要諦《ようてい》である。はじめ小さかったこの王立組織は、やがて講座の数を増やしていき、一六一〇年には、現在ある場所にコレージュ・ロワイヤル（王立研究院）として確立する。パリは、一三世紀に全ヨーロッパの中心的な学術センターとなっていたことは第二章で見たが、再び、今回は全世界の学術センターを志向していくことになる。

こうした展開と並行するように、古典古代の多様な思想潮流を読みこみながら、人の生き方についての自身の思考の展開を書き綴《つづ》った個人の著作が、ロングセラーとなる現象も生じた。ボルドーの高等法院評定官であったモンテーニュが、引退後の一五八〇年に最初の版を当地の書店から出した『エセー（随想録）』である。この本には、他の勝手な複製本を許さない国王からの「特認」が付与された。専門家の宮下志朗によれば、この特認の期限ののち一五八八年には、本人生前の最後の増補版がパリの書店から刊行され、これにも特認が付与された。そして著者の没後にも刊行は繰り返され、長く読み継がれ、各国語に翻訳される現代にまで至るのである。

宗教戦争とパリ

フランスでは、人文主義の学術研究や、芸術文化面でのルネサンス導入がはっきりしてくる一六世紀であるが、その後半は、新たなカルヴァン派（ユグノー派）を中心とした教会改革派（新教派）と、それに対抗して態度を硬化させたローマ・カトリック（旧教派）とが、政治権力闘争も絡んだ暴力的なぶつかり合いを繰り返す、内戦状態に陥った。首都パリもそれに巻き込まれた。

フランソワ一世は、人文主義的な思想や聖書研究には、極めて寛容な姿勢を持ったルネサンス国王であったが、しかしそうした研究が政治的な動きに絡んで現状王政の批判に転じてくると、それに対しては厳格な抑圧の姿勢に転じた。最晩年には、この姿勢はより明確になったように見える。他の側近たち、権力の座を狙う勢力にとっても、宗教問題はまさに政治闘争と不可分に意識されていた時代であった。

フランソワ一世の後継者アンリ二世も、学芸の庇護者として任じたが、馬上試合の不慮の事故で他界した。そうしたなかでパリ市政は、旧教派が主導権を握った状態から変わることはなかった。アンリ二世の息子、若くして後継となった国王シャルル九世（在位一五六〇〜七四）の王母としてカトリーヌ・ド・メディシスは、新旧両教派の妥協を模索したようだが、これがかえって状況をこじらせてしまう。一五七二年、「聖バルテルミの虐殺《ぎゃくさつ》」と名づけられる、旧教派による新教派の大量虐殺事件が、パリで生じた。深刻な事態は全国に波及した。パリ市民が事態をどう意識したか、それは資料がなくてわからないが、少なくとも一時的にはおぞましい残酷な状況が生じた。

前に登場してもらった一九世紀の歴史家アルフレッド・フランクランは、しかし政治状況の混乱にもかかわらず一六世紀のパリは、一三世紀と同様に、市民生活が大変に活性化した時代だと評価している。実際に、フランスでは宗教がらみの政治権力闘争は展開したが、市民生活を大きく捉えれば、ヨーロッパ主要国の世界への展開が、アジアやアメリカなどへと本格化しはじめるなかで、一六世紀には確かに経済活動の活性化が止まることはなかった。フランスでも、一五世紀までの中世末の危機状態から、回復した時期だったのである。

パリでは旧教派が主導権を取ったとはいえ、カトリックの盟主を任じたスペインの軍事介入など、外部勢力の関与を危惧《きぐ》したパリ市政内部から、やがてポリティーク派という、現実的な国家の主権確保を最優先すべきとする勢力が、主導権を取ることに成功する。新教側勢力のリーダーであったアンリ四世（在位一五八九～一六一〇）が、残された唯一の王位継承者として即位した。はじめはこれを拒否した旧教派のパリ市政が、アンリ四世のカトリック改宗によって最終的に受容に転じたのも、そうした新たな国家政治への姿勢ゆえであった。

カトリック改宗後にアンリ四世は、一五九八年、ナントの王令によって、一定の条件つきではあったが新教派の存在を許容し、国家体制の立て直しに着手する。パリでの都市計画的な事業の推進も、その重要な構成要素の一つであった。今風に言えば、公共事業を通じての王国首都の活性化と、繁栄への道筋をつけることである。新たな石造の橋、初めて側道として歩道がつけられたポン・ヌフ（新橋）は、セーヌの増水や氷結にも耐えられる橋として、

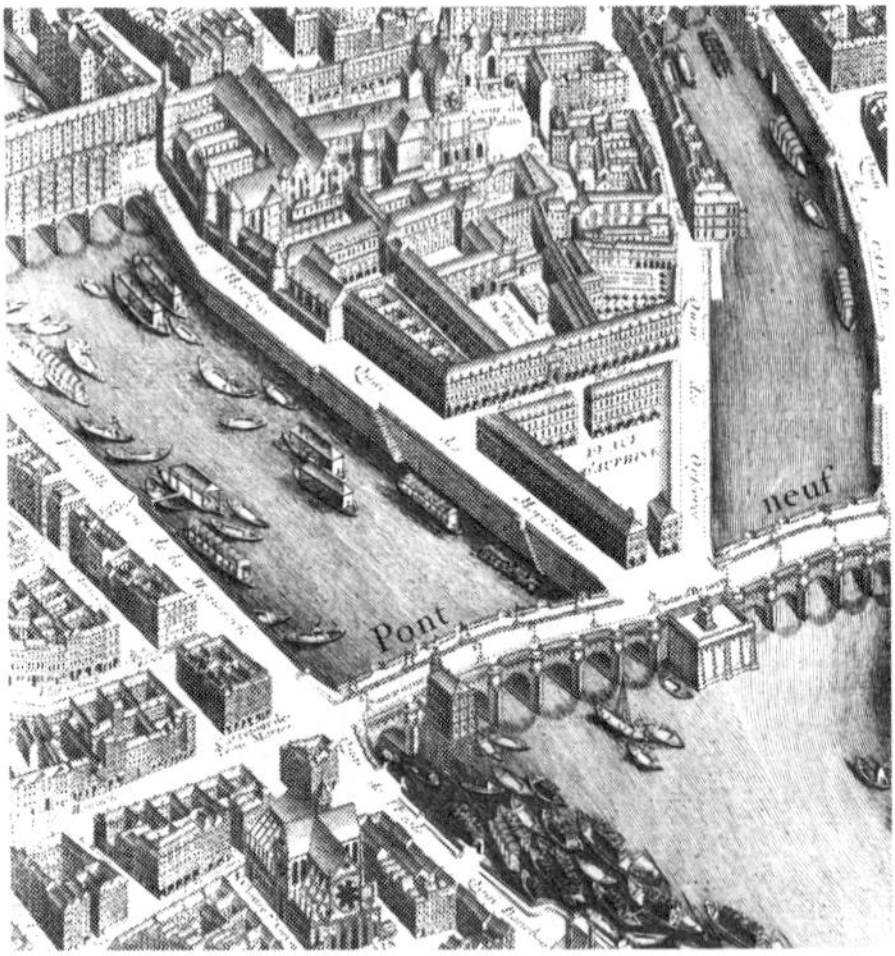

ポン・ヌフとドーフィーヌ広場（部分）　18世紀前半に作成された，有名なチュルゴの絵地図の部分で，図面左のセーヌ右岸での船の多さなどにも注目．広場の西（図面下）にある橋から突き出た部分にアンリ４世騎馬像．広場の上方（東）は拡張された王宮．左上に見える橋は両替橋．その取り付きに位置する王宮の端に，シャルル５世建立の時計塔が見える．
出典：前掲「パリ歴史地図展」カタログより．

宗教戦争後の再出発の新たな象徴になる。橋掛かりでは、多様な職業で客を呼ぶ大道商人や職人が店を並べ、賑わいをかもしだすようになる。

広場が重要な位置を占めた地中海都市とは違って、それまでパリには広場らしい空間は設置されてこなかった。市内に初めて計画的に、広場が設置されはじめる。現在のヴォージュ広場（設置当初は国王広場）や、ポン・ヌフと接続した三角形のドーフィーヌ広場（王太子広場）が、それであった。私見ながら、これらは権力を誇示する大型広場と言うより、どちらの広場もヒューマンスケールで落ち着いており、現在でも好ましい佇《たたず》まいで市民生活に溶け込んでいる。

パリには新たな顔が与えられはじめたが、それらが軌道に乗りだそうかという時期に、アンリ四世は暗殺されてしまい、政治状況は幼いルイ一三世のもとで再び混沌《こんとん》としだす。それを巧みに、かつ強権的に抑えていくのが、宰相リシュリューとなるが、これ以後は次章の話である。

第五章　一七・一八世紀パリの文化的発展と王権

1　新たな行動様式とアカデミーの創設

絶対王政下の宮廷と新たな行動様式

宗教をめぐる内紛は、ルイ一三世の時代（在位一六一〇～四三）からも多様に生じたが、しかし一六世紀の内戦のような事態まではならなかった。一七世紀は、ヨーロッパ史においては「危機の時代」と言われる。その一つの要因は、一六世紀とは反対に気候の寒冷化と悪天の多さによって、農業の不振や飢饉《ききん》がしばしば生じて、疫病もまた流行《はや》り、加えて三〇年戦争といった長期の国際紛争もドイツを主舞台にして生じたからである。フランスでも人ロは伸び悩んで、経済状況は決してよくはなかった。したがって、反税一揆《いっき》やさまざまな民衆蜂起《ほうき》、あるいは長いルイ一四世の統治時代（在位一六四三〜一七一五）初期における、宰相マザランの政治に対抗するフロンドの乱（一六四八〜五三年）のような、統治体制に関わる権力闘争に市民の蜂起行動も絡むような政治的・社会的混乱も生じた。にもかかわらず、絶対王政と言われる国内政治体制は、一定の安定を見せるようになっていた。

ルイ一四世親政期におけるヴェルサイユ宮殿の新設と、宮廷社会の形成はあまりに有名である。フランス国内においてだけでなく、広くヨーロッパ諸国の宮廷モデルとされた、とも言われている。王の膝下で、様式化された行動規範が、席次と同様に政治的意味を持ち、芸術の面では、絵画はもとより彫刻、音楽、舞踏・バレエに演劇、園遊や祝祭、それらの演出など、多くの面が王権による庇護と助成のもとに隆盛し、学者や芸術家はフランスの内外から招請された。しかしこうした宮廷のあり方は、突然生じたわけではなかった。

一六世紀から着手されたルーヴル宮の改修には、イタリアからアンリ二世に嫁いだカトリーヌ・ド・メディシスの関わりが大きかった、という点には以前に触れた。アンリ四世の新しい王妃もまた、イタリアからマリ・ド・メディシスが迎えられた。この女性も政治的なやり手で、アンリ四世死後のルイ一三世幼少期には、王母だからと摂政として振る舞い、その後も政治局面に関与しようとした。彼女はルーヴルには満足せず、パリ左岸の少し高いところに、現在では上院議会が入っているリュクサンブール宮殿とその広大な庭園の構築に、着手させた。出身地フィレンツェのピッティ宮とその庭園がモデルと言われる。そのために、南から引かれていたビエーヴル川の水の導入を、さらに整備させるなどの、パリの生活にも関わる事業を推進させたが、他方では、有名な画家のルーベンスに、自らの生涯の場面をテーマに一連の肖像画を描かせ、宮殿に飾るなどの、権力を持ったパトロンとしての行動をとる。結局王母マリは、息子のルイ一三世や宰相リシュリューと政治的に衝突した結果、お気に入りのリュクサンブール宮殿にはわずかな歳月しかいられなかったが、イタリアから演劇団を宮廷に招聘するなど、のちのフランス演劇発展のきっかけを与えるようなパトロン活動もしていた。

こうした展開のなかで、元来戦う身分であった伝統的な貴族階層の男たちは、依然として戦闘能力を問われたのではあるが、他方で、宮廷内社交での洗練された立居振舞にも長《た》けていることが、求められるようになる。フランソワ一世の統治下から見られた傾向が、より一層はっきりした様式を取るようになる。口の利き方も含めた「紳士的な人物」、フランス語でいう「オネットム」という人間類型が求められた。ニコラ・ファレという人物が『オネットム――宮廷で気に入られる作法』という書を出して話題となったのは一六三〇年代である。もう少し後には、大貴族にして知識人でもあったラ・ロシュフコーが、現代にまで通じる洒《しゃ》脱《だつ》なモラリスト文学の傑作『箴言《しんげん》（マクシム）』を出す。こうした行動様式や考え方の変化は、宮廷社会だけにとどまるわけではなく、関係の深かったパリの上層市民の間にも確実に広まっていく。

活版印刷の普及と書物文化の発展

パリは一六世紀から、リヨンと並んで、活版印刷による書物出版という点で重要な位置を占めるようになっていた。すでに一五世紀末までには、初期の印刷工房がフランスの四〇ほどの都市に存在したが、より本格的な活版印刷本の刊行が進むのが、一六世紀からである。この点でも、じつはフランソワ一世が果たした役割は小さくない。王は、公的な文書や模範とすべき古典書を印刷するための王立印刷所のパリでの設置を、一五三八年に命じたからである。これが、約一世紀後の一六四〇年には、ルイ一三世統治下に、より本格的な王立印刷所の設立につながっていく。のちにフランス革命期に、この王立印刷所は国立印刷所（ナショナルは国立であると同時に「国民のもの」という含意）となる。

印刷された書物や冊子の刊行が、すぐに、全面的に手稿本や木版本の生産に取って代わったわけではなかった。また、印刷できる紙の生産技術の向上も問われたわけだが、この活版印刷という技術革命は、本の大きさや発行の量にも、間違いなく影響を与えていく。すでに一六世紀前半のルターによる宗教改革で、活版印刷によるドイツ語版聖書が大きな役割を果たした、と言われるように、書写本より小型の、手にしやすい版型の本が、普及できるための前提になるのである。当初は、大学からの要請に応じて宗教関係の本が圧倒的であった。しかし一七世紀には、書物を刊行して販売する職業（現在でいう出版業）と、印刷する職業、製本する職業、それぞれが専門的な社団組織を形成するようになり、一八世紀には刊行書籍の内容の多様化という変化も、顕著になってくる。一七世紀末で出版数の約半分はまだ宗教書が占めていたが、一八世紀末にはその割合は一割にまで減少した。国王政府は書物を検閲の対象としたが、ものによっては外国で印刷された紙面が密《ひそ》かに輸入され、パリなどで製本されて出回る、いわゆる海賊版を含めた流通を、すべて統制することはできなかった。こうした書籍の刊行販売は、その情報をも発信する中心都市パリに、知的な動きの核となる性格をより一層与えた。

他方、書物が広く読まれるようになるには、フランス語文章の理解能力が必要になる。これについて正確に知る手立てはないのだが、同時代の徳川日本と比べると、識字率はフランスの方が低かったようである。しかし王侯貴族や社会の上層部では、読めることは普通であったし、都市の民衆や農村の人びとにも行商人が売って歩いた「青表紙本」という短い読み物シリーズが、一七世紀にはトロワの町で発行されはじめて普及したので、それなりの読者層があったことは確実である。それに、この時代には、特に民衆階層にあっては、読める人が音読して皆に聞かせた。読書というと黙読だと思うのは、現代人の思い込みである。

各種アカデミーの発足

書物をはじめ印刷物に、正確にフランス語で表現し、それらの文章を正確に読むといった、書記文化が広まると同時に、他方、どれが正しいフランス語表現なのか、ということが問題となる。全国に普及すべき公的な国家指定言語としてのフランス語を、どう整理できるか、である。漢字とは違う表音文字アルファベットを用いて、その表現用語の綴りと意味、文法等の整備にあたる公的組織として、アカデミー・フランセーズが正式に発足したのは、ルイ一三世時代の一六三五年のことであった。

じつはその母体となったのは、民間有志の動きで、ヴァランタン・コンラールたちによる言語研究サークルであった。その形成を知った宰相リシュリューが、それに公的な使命を与えて王立組織にし、フランス語辞典の正式刊行を目標に定めたのである。ここでも、新たな動きに警戒するパリ大学の抵抗にあうのだが、結局、「アカデミーの主要な任務は、可能なあらゆる配慮のもとに、我が言語に確実な規則を与え、それを純粋で、雄弁で、芸術と科学とを表現することのできるものにすることである」という目標が掲げられ、一六三九年からは四〇名の会員を任命して、その任にあたらせることになる。これが、その後にも若干の変化はあったものの、現在にまで続く、フランス語の権威の殿堂アカデミー・フランセーズの出発点であった。

その後、ルイ一四世時代に、各種のアカデミーが「国王の栄光を讃えるために」設置されていく。一時期実質的な宰相を務めたコルベールによるイニシアティヴもあって、次々と組織されていったアカデミーの本拠は、基本的にパリにあった。外国からも、有能な芸術家や学者が招聘され、彼らには年金や住居も手当された。一六四八年に組織されていた絵画彫刻アカデミーは、六四年に再組織化され、六一年にダンス・アカデミー、六三年には碑文古典アカデミー、六六年には科学アカデミー、六九年には音楽アカデミー、七〇年に建築アカデミー、といった具合である。アカデミーの会員として推挙された各分野の専門家たちは、それぞれに大きな影響力を行使してゆくことになる。パリは、こうして学術文化の権威の所在地となる。

さらにこの一七世紀後半からは、こうしたパリでの動きと照応する形で、フランスの地方都市にも、それぞれの地域アカデミーが組織され、知的・文化的中心であるパリの動きに呼応しようとする展開も広まっていく。同時にそうした動きは、各地域内での名士たちを中心にした人間関係のネットワークを、学術文化の名において形成することにもつながっていた。

その点でも、国家統治の問題と密接に結びついていたのであった。

こうした展開が広がるほどに、その担い手たちの「エリート文化」と、旧来の生活に密着して存続していた都市や農村の「民衆文化」との間には、亀裂が走るようになる。しかし、あまりに両者を断絶として捉えるのは、理解を誤るかもしれない。一七世紀初めまでは魔女狩りをエリートたちが推進し、一七世紀を通じて先端的な学者も錬金術を試み、医学は依然として旧来の体液論や瀉血《しゃけつ》を重視するものから変化していなかった。

2 文化活動の高揚とサロンの活性化

一七世紀精神の一面

フランス哲学といえばすぐに想起されるルネ・デカルトが、四〇歳代に入って間もなく『方法序説』を出版したのは一六三七年である。全ヨーロッパ的に脚光を浴びたデカルトは、数学者としても有名であったが、同様に、数学的知性に基づく科学的研究と宗教的省察とが併存していたパスカルもまた、ほぼ同時代人であった。イギリスのニュートンにしてもそうだが、この時代には、のちから見て「科学革命」と言われるような学問展開が進む一方で、まだ無神論的な立場は想定外であった。新旧のキリスト教はもちろん、（フランスでは非合法ではあったが）ユダヤ教、あるいはより民間信仰的な要素を帯びたキリスト教的信心などが基盤にあって、人々の発想や表現につながっていたという点に注意する必要がある。一七世紀初めには、まだ異様とは思われずに展開していた魔女狩りは、世紀が進むほどに退潮していったが、そのことは、直ちに宗教性の退潮を意味したわけではない。むしろ二〇世紀になって再発見された、一七世紀前半の画家ジョルジュ・ド・ラ・トゥールの描いた、ロウソクの炎が照らすような静謐《せいひつ》な宗教的場面の絵画が、混乱の時代の後の静けさを、ないしは混乱の時代に背を向ける静けさを、宗教心を伴って求める一七世紀フランス社会の精神の一面を示しているように思える。

ラ・トゥール『大工の聖ヨセフ』（1640年）
所蔵：ルーヴル美術館. © 2014 RMN-Grand Palais (musée du Louvre)/Michel Urtado.

サロンでの会話の愉しみ

一六一〇年代から、パリのランブイエ侯爵《こうしゃく》の館の大きな居間（サロン）を会場として、侯爵夫人カトリーヌ・ド・ヴィヴォンヌを中心に、身近な貴族や上層市民が男女を問わず集まり、最近の書物や芸術作品などを話題にして会話を楽しむ会合が持たれるようになる。その館は、ルーヴル宮の近く、つまりは当時のパリの政治的中心の一画にあった。この種の集まりは、一六世紀からあったようではあるが、資料にはっきり残る最初のものがランブイエ侯爵夫人の集まりで、これらの会合がサロンと一括して呼ばれるようになるのはどうやら一九世紀からである。一七世紀から一八世紀にかけては、ただ「集まり」を意味するアサンブレとか、セルクルとかと言われていたようだが、今ではその歴史を語る場合には、一括してサロンという表現をしている。

侯爵夫人カトリーヌは、外交官であった父親の関係でローマに生まれ、帰国後アンリ四世の宮廷にも招かれたが、その無骨な風情に呆《あき》れて、自らの館で文芸サロンを始めたと言われている。自分の名前カトリーヌの語順を変えたアナグラムでアルテニスと名乗る、才色兼備の女性であったという。そこにはコルネイユやラ・ロシュフコー、マレルブ、スキュデリー夫妻など、同時代の文筆家が集まったが、やがて喜劇作家のモリエールは『才女気取り』（一六五九年初演）で、こうした女性主人公を諷刺《ふうし》して描き、喝采を浴びることにもなる。モリエール座のように、ルイ一四世お気に入りの劇団としてヴェルサイユの宮廷で上演した役者たちも、その活動拠点はパリにあった。

サロンと言われるような私的な集まりは、その後もさらに裾野《すその》が広がり、扱われる話題も文芸だけでなく哲学思想、公論に関する思索に至るまで、多様化していく。一八世紀には、啓蒙《けいもう》思想の代表的存在となるヴォルテールも若い頃からサロンで鍛えられ、ジュネーヴの民衆階層出身の放浪青年ルソーもまた、その作品が歓迎され、名をなすようになる。一八世紀後半に、天才少年モーツァルトが父親に連れられてパリを訪れ、そのピアノ演奏で王侯貴族を仰天させたのも、こうした場の一つであった。それらのことは、現代に至るまで、市民に語り継がれるエピソードとなる。

アンヌ・テレーズ・ランベールが一七世紀末からパレ・ロワイヤル脇のリシュリュー通りの館で開いたサロンには、モンテスキューのような法律家・政治学者や、作家たちに加えて、ラモーのような音楽家・作曲家、ロココの代表的な画家となるヴァトーなど、集まる人々も多様化していた。ランベール女史は、若者の教育に関しても多大な関心を払ったことで知られる。一八世紀は、子供への関心が、それまでとは違った形で大きくなっていく世紀である。いわゆる児童書と言われる、子供向けの書物も出されはじめるのであるが、サロンでの意見交換の世界は、さまざまな方向への思索を促す役割を帯びていった。

パリのサロンについては、その事例は多く存在するが、そうした集まりで注目されるのは、一八世紀における公論の高まりである。政治経済のあり方の変化が、いわゆる名誉革命などイギリスでの政治変革はもとより、一八世紀半ばのコルシカ独立運動や、世紀後半のアメリカ独立をめぐる動きなど、世界規模で全体として大きく動きだしているなかで、フランス王国はこれでよいのか、その社会や人々の生き方はどうあるべきか、どうありうるのか、といった、公的な秩序や豊かさのあり方、フランス語でいうル・ビヤン・ピュブリーク、公共の利益や公共善のあり方を問う議論が活性化する。啓蒙思想の時代にその中心は、やはりパリであった。

都市生活の活性化

公論が交わされる場は、サロンだけではない。カフェやレストランのような、今では当たり前の存在となっている外食産業は、パリでは一八世紀から活性化しはじめた。飲み物としてのカフェ、つまりコーヒーを提供する店がパリで開業したのは、一六七二年にアルメニア系商人が左岸のサン・ジェルマン市場に開いた店が最初とされている。その展開をうまく引き継いで一六八六年に開店したのが、今でもパリ六区に現存するカフェ・プロコップの前身である。かつてはテアトル・フランセ劇場が正面にあって、観劇に来た上流階層の人びとや演劇関係者が出入りしたという。こうしたカフェの類はパリの都市生活に根づき、一七二三年には市内各所に三八〇軒もできていたというから、驚きだ。ディドロやダランベールたち

『百科全書』の編纂《へんさん》に関わる知識人や思想家、さらにはジャーナリストや開明的官僚など、じつに幅広い人材が出入りして情報や意見を交わす場としても活用された。また、読書室を兼ねた店、一九世紀にはキャビネ・ド・レクチュールと言われるようになるカフェの仲間も展開しはじめる。最近の読書カフェの先祖である。それだけ、新聞や書物といった印刷媒体が、情報を多様に流通させるような時代になってきていた。

パリの人口については、正確な調査はなされなかったので推計しかないが、一八世紀初頭で約五〇万、フランス革命が起こる直前では少なく見積もっても六〇万、と言われる。カフェなどに出入りしたのは中上層市民であり、大半の市民・民衆にあっては手工業や小商い、あるいは大都市特有の雑業が生活基盤である。職種ごとの社団組織は相変わらず存在していた。それらが「労働の自由」の名においてフランス革命によって廃止されるのは、フランス革命によってである。労働市民の生活は、職住近接であることが一般で、濃密な近隣関係ヴォワジナージュは、社会生活や

18世紀のプロコップでの談論の様子
出典：*Les Premières fois* 前掲書より.

情報伝達に欠かせない要素であり、やがてフランス革命や一九世紀のいくつもの市民蜂起において、重要な意味を持つことになるだろう。

3　一七・一八世紀のパリ都市空間の整備再編

都市の雑居性とモニュメンタルな建築による美化

多様な展開を示すようになったパリは、まだ十分に歩いて回れる都市規模だったが、そこに一八世紀初めで約五〇万の人々が暮らし、衛生設備は極めて不十分であった。貴族や上層市民などは馬や馬車を利用したが、家畜の排泄物《はいせつぶつ》はまた汚れの一因にもなった。パリの雑居性については、ルソーの『告白』における、若い頃に経験したパリの第一印象に関する表現も有名だ。「目に映るものは、汚い臭気にみちた狭い路と黒ずんだ粗末な家、不潔と貧困の雰囲気、乞食、車夫、ぼろつくろいの女、煎《せん》じ薬や古帽子を呼び売りする女、そんなものばかりだ」（桑原武夫訳）。ルソーはこの時、左岸のフォブール・サン・マルソーから、サント・ジュヌヴィエーヴの丘の下、現在も庶民的な商店街として賑わうムフタール通り手前の方向に、入っていったようである。古代ローマ支配期以来の南街道筋がまだ生きていたということだが、この時期にはセーヌへ流れ込むビエーヴル川がまだ暗渠《あんきょ》化されてはおらず、川の周囲には染物業をはじめとする手工業も立地して、狭い路地が雑然としていた。ジュネーヴ育ちのルソーがげんなりしたのも、よくわかるというものだ。

アンヴァリッドとエスプラナッド（現在の様子）
出典：著者撮影.

都市内部の衛生状況や秩序維持機構ポリスについては、本書では触れる余裕はないが、限られた公共空間を人々が歩き回って日々の暮らしを送る日常は、多くの街区に相当な賑わいを与えると同時に、混乱も生み出したものと想像される。一八世紀後半にルイ・セバスチアン・メルシエが社会ルポルタージュの先駆とも言える『タブロー・ド・パリ』に描いた様相は、『十八世紀パリ生活誌』として翻訳もされ、丁寧な注記も付されているので、ここではそれに譲ろう。混乱があったからこそ、王権や市政は、パリのモニュメンタルな美化や秩序化を追求した。ここでは、都市空間のあり方に焦点を絞って一瞥《いちべつ》しておく。都市文化のイメージ形成には、町の構造や建物からくる印象が、大きな役割を果たしていることは、間違いない

サント・ジュヌヴィエーヴの丘に立つパンテオン（部分）　革命後にパンテオンになる直前，教会であった建物を描いた1788年のムーニエの水彩画より．パンテオンは，現在も左岸を代表するモニュメントである．
出典：D. Chadych 他前掲書より．

からである。
一六世紀のフランソワ一世の時代には、右岸の中央市場のすぐ傍《かたわら》に位置するサン・トゥスターシュ教会建造が始まっていたが、その主祭壇が聖別されたのは一六三七年、完成までにはまだ紆余曲折《うよきょくせつ》を経た。フランスの後期バロック音楽を代表する作曲家ラモーが一七六四年に埋葬されたのが、この教会である。一九世紀初めまでは、モニュメンタルな建築にかけられる時間は、とにかく長かった。それに比するとファサード（正面の壁面）の改造は、もう少し手っ取り早い。一七世紀から一八世紀にかけて多くが古典主義的な（すなわちルネサンスを引き継ぐ）建築様式に基づいて、パリ市内に新たな美的要素をモニュメンタルに追加していく。典型例として有名なのは、ルイ一三世時代では、サン・テチエンヌ・デュ・モン教会のファサード改築や、内陣がゴシック様式で造られているサン・ジェルヴェ教会のファサード改築である。

ルイ一四世時代になると、大規模なヴァル・ド・グラース修道院とその教会（修道院はその後病院となるが、教会は現存）、また、負傷した兵士や退役兵のための施設である広大なアンヴァリッド（廃兵院）が建設される。アンヴァリッドには巨大なドームを備えた教会も付設され（現在では軍事博物館とナポレオンの遺骸が安置される観光名所）、セーヌから大きな緑の空間、エスプラナッド越しに、頂点が金色に輝く姿を見せる。同じ左岸でもう少し東には、旧マザラン邸があった土地に、現在ではアカデミー・フランセーズなどからなる学士院が入っている建物と立派なドームがそびえ、セーヌ越しにルーヴルと向き合い、目を引くようになる。

一八世紀にも、こうしたモニュメンタルな建築は続く。一九世紀半ば近くに完成するマドレーヌ教会建設が着手されたのは、一七六四年であった。また現在、フランスに貢献した偉人を国葬しているパンテオンは、はじめルイ一五世によって建築家スフロに依頼されたサント・ジュヌヴィエーヴ教会であったが、ほぼ完成した一七九〇年にはすでに革命勃発後で、用途変更された典型的事例になった。

市内各所には、つぎに見るように、貴族や上流階層市民が住む立派な館も増えていった。

市内の分譲開発と広場や館の建設

フランソワ一世時代からもう一点、注目してよいのは、市内にあった国王所有地や修道会の土地などを分譲し、貴族や上層市民の館邸の建築を促すという、いうなれば不動産開発事業を推進させはじめたことである。この方式は、一七世紀には宰相リシュリューのもとでより本格的に推進されだした。現存するパレ・ロワイヤルの元になるのも、そうして造られた枢機卿宮殿、つまり枢機卿でもあったリシュリュー自らが建てた館邸だった。彼はそれをルイ一三世と王太子（のちのルイ一四世）に譲り、そこからパレ・ロワイヤル（国王宮殿）の名称が由来した。こうした手法で一七・一八世紀に建てられた館邸は、主として右岸で、少なからず用途を変えて現存しており、それらが現在の町に与える歴史文化的な雰囲気は大きい。マレ地区にあって、現在パリ市の歴史博物館になっているカルナヴァレ館、あるいは、二〇世紀末まで国立文書館が入っていたスービーズ館なども、由来は違うが同様な事例である。

中世以来のパリには、広場空間はあまりなかった。ノートルダム大聖堂の前にもまだ大きな広場空間はなく、近づいて見上げる人には、それが余計に聖堂の大きさを際立たせた。広場開設の展開が、アンリ四世のもとで推進された国王広場やドーフィーヌ広場から本格化しはじめることについては、すでに触れた。その国王広場（現ヴォージュ広場）の場合に典型的であるが、その設置も周辺地区の開発事業とリンクしていた。広場空間の設置はルイ一四世のもとで、国王の威光を示す手段として積極的に推進されるようになる。現在のヴァンドーム広場である「ルイ大王広場」や、戦勝を記念して命名されたヴィクトワール広場は、いずれもルイ一四世を讃える騎馬像を中心に置くもので、後者は当時としては珍しい円形広場である。これらの事業も、同時に周辺地区の開発事業であった。一八世紀半ばに国王を讃えるために造られたルイ一五世広場が、やがて革命広場とされてギロチンが置かれ、孫のルイ一六世や王妃マリ・アントワネットが処刑される場になるとは、一体誰が予想したであろうか。それが、現在のコンコルド広場である。こうしたいくつかの事例が示すように、パリ市民たちが縦横に活動する都市内部に、国王権力など上からの力が作用して、結果として多様な可能性に開かれた場が、高度な芸術的質感も帯びて用意されていったのである。

市域の拡大と街路整備の始まり

一七世紀初めのパリはまだ、左岸については一三世紀初めに建造された市壁に囲まれた狭いまま、右岸については、一四世紀後半に市域を拡大する形で増築されたシャルル五世の市壁に囲まれたままであった。宗教戦争の内乱ではスペイン軍がパリに進駐してくる事態も生じたが、時代は変化しつつあった。大砲などが通常兵器となった時代に、中世的な市壁では防衛には不十分であり、市壁は軍事用から入市税徴収用へと、その目的を変えていく。

経済活動の主要地区があり、政治の中心にもなっていた右岸については、一六世紀には市域拡大に着手されていたが、内戦の余波もあり工事は遅々として進まなかった。宰相リシュリューの時代に拍車がかけられた工事は、チュイルリー庭園の先にまで市壁と堀とが広げられ、たまたま土が黄色であったことから「黄堀（フォセ・ジョーヌ）」などと呼ばれた。その拡大工事は、ちょうど現在のコンコルド広場から北へ、その先はシャルル五世の壁の位置（現グラン・ブルヴァール）へと繋がるような弓形のラインを描いた。三〇年戦争の折から防衛用の意図も含まれていたとはいえ、市内の土地開発と、王政のパリでの拠点近くに上流階層が住む場所を確保する、という意味合いの方が強かった（本書冒頭の「メリアンのパリ図」参照）。

セーヌのシテ島の東には二つの小島、すなわちノートルダム島とオ・ヴァッシュ島とが隣接していたが、二つの小島は間を埋め立てられて一つの島にされ、のちにサン・ルイ島と名づけられる。ここにも、一七世紀半ばから上流階層の立派な館が造られるようになり、いくつかは現存している。

ルイ一四世時代には、ついにパリの防衛用の市壁が撤去された。一六七〇年、まず右岸の東側の市壁と堀とが撤去され、七六年には西側の、できて間もない黄堀と市壁も取り除かれた。それらの跡地には、パリに王冠をかぶせるがごとくに街路樹が何重にも植え込まれ、遊歩道とされた。その北の押さえの位置にはサン・ドニ門とサン・マルタン門という二つの凱《がい》旋門《せんもん》が建立され（現存）、ルイ大王を讃える。左岸でも、中世以来の市壁と堀は撤去され、跡地には道路が通され、すでに開発が進んでいた壁の外と市内をつなげることになった。こうした旧市壁跡の道路から外側（フォブール）への家屋の新築は禁じられたが、その実効性はほとんどなかった。現在の五区に「フォセ・サン・ジャック通り」のように「フォセ（堀）」の名前がついた通りがあるのは、かつての市壁と堀の位置を示す名残の命名である。

パリの町はこの時期からしばらく、スプロール現象を起こしたといってよい広がり方をしていった。入市税を取るのにも困難があるのは当然で、ついに徴税を徹底させるためにルイ一六世治下の一七八四年に、「総徴税請負人の壁」（徴税は民間金融業者に請け負わせていた）が、パリの新たな集住地の外側を取り巻くように構築される。全長約二四キロメートル、高さ三メートル余り、のちの外周大通りの位置にあたる。随所に市門が設けられ徴税所が置かれたが、その設計は斬新《ざんしん》な建築家として有名になっていたクロード・ニコラ・ルドゥに委ねられた（ラ・ヴィレットなど四カ所の徴税所建築は保存され現存している）。当然ながら同時代に市民からは、特に食糧難と生活苦に陥っていた民衆からは、これらの市門は怨嗟《えんさ》の的になる。すぐのちに生じた革命の直前、一七八九年七月一四日バスチーユ要塞の攻略が起こる数日前に、多くの市門の徴税所が焼打にあった。

一八世紀のパリには、随所に小ぶりな商店が営まれ、各種の看板が掲げられて人目をひき、手工業も盛んであり続けていた。往来の交通は混雑を極め、衛生状態は目を覆うほどであったとはいえ、経済社会の様相は長期的には悪くなかった。教会や上流階層の立派な建物と、民衆が居住する職住近接の街区とでは雲泥の差があったとはいえ、市内の随所にあるモニュメンタルな建築や広場などが与える質感、ノートルダム大聖堂に代表される歴史文化の共有、すでに王政末期に始められていたルーヴル宮殿やリュクサンブール宮殿での美術コレクションの市民への開放に向けた模索や試行、そしてアカデミーや各種カフェなどだけでなく、街角や広場での市民や民衆を含めた談論など、さまざまな面で生活の活気は落ち込んでいたわけではなかった、と言えそうである。

しかし、一八世紀末にうち続いた不作に伴う食糧難や、短期的な経済の落ち込みなどの不安定条件のなかで、特権階層の変わらぬ硬直的な態度と、国王その人を含めた王政の担い手における優柔不断と見通しのなさ、こうした悪条件が、政治と社会の混乱を増幅させていく。パリで、誰も予期しなかった革命が勃発することになる。

第六章　文化革命としてのフランス革命

1　多岐にわたった大きな変化

後世に続く影響

一七八九年に始まるフランス革命は、それまでの絶対王政と言われる国家体制から、憲法を備えた立憲国家への転換を実現した。複雑な革命の経緯には立ち入らないが、同年五月の全国三部会開会とその頓挫《とんざ》、憲法制定国民議会の成立、七月一四日のバスチーユ要塞攻略とパリの市政革命、そして八月の国民議会による封建的特権の廃止、ついで「人間と市民の権利の宣言」、この全一七条からなるいわゆる「人権宣言」の制定と、初めから目まぐるしく事態は動いた。この人権宣言は、一七九一年に制定されたフランス最初の憲法（立憲君主体制）の前文に置かれ、その後、革命の推移のなかで何回か憲法が改定されるごとに、手直しされながら前文であり続け、現在のフランス第五共和政憲法の前文でも言及されている。

しかし、一七九一年六月に国外逃亡を図った国王は国民の信頼を失い、革命は当初の立憲王政では終了せず、九二年秋には共和政に移行、国内の多様な政治対立と周辺諸国との「革命戦争」によって軍事力への依拠が進むなか、ナポレオンが登場して帝政へと移行する。そして一八一五年の帝政崩壊後、王政復古を経て、何回ものパリ市民の実力蜂起を伴う一九世紀の政治体制の転変ののち、やっと第三共和政のもとで一八七〇年代末から、二院制の議会体制が確立した。この第三共和政下に、かつて革命歌だった「ラ・マルセイエーズ」が正式に国歌になり、革命期に掲げられた三色旗が国旗に、七月一四日が国民の祝祭日となった。七月一四日を「パリ祭」というのは、日本でつけられた俗名である。

フランス革命が長く影響を残し続けたのは、人間や社会とその秩序形成の原則に関わる、根本的な問題提起がなされたからだった。芸術文化が個人によって自由に追求されるための、前提的な基盤に関わることでもある。「人権宣言」が二〇世紀半ばの第二次世界大戦終了後、国際連合による「国際人権宣言」採択の基盤とされたように、市民の権利の平等や自由に関する規定、国民国家の諸原則は、近代国家の枠組みとしての普遍性を主張するものであった。

それが世界各地に普遍的に実現することの困難を同時に孕《はら》んでいることもまた、フランス革命以後の現実世界の歴史は示している。

多様な革命的変化の発信

一七八九年からほぼ一〇年の革命期には、ナポレオンの統治が始まるまでの政治体制の転変だけでなく、人びとの生き方に関わる変化が多様な面について追求されていた。それらのうち、革命期だけで終わってしまったものもあったが、多くは革命後の人びとの生活や意識を枠づけていく。いくつか見ておこう。

ほぼ革命期だけで終わった事例は、革命暦（共和暦）の制定である。一七九二年九月の共和政発足を共和暦元年とするこの暦は、十進法に基づいて、一週を一〇日、一ヵ月を三週三〇日とし、各月には季節を表す名前をつけた。秋のブドウ収穫期にはヴァンデミエール（葡《ぶ》萄《どう》月）と言うように。これは、いわゆる西暦であるグレゴリオ暦は、かつて教皇庁がその制定に関わった経緯があるから、信仰の自由と「政教分離（ライシテ）」を原則とする国民主権の国家とは適合しない、という発想であり、また十進法の方が合理性の原則に合致する、という考え方である。しかし周辺諸国とは合わないこのあまりにも理念的な共和暦は、ナポレオンによって廃止され、復活することはなかった。

この共和暦の発想が示したような、カトリック教会の社会統治への関与を全面否定する思想は、反教権主義として、革命派に徹底していた。ただし政教分離の原則とは、国家政治という公の統治に宗教が絡むことは拒絶するが、市民個人による信仰の自由は確保されなければならない、とするのであって、キリスト教などの宗教全般を否定することではない。現実には、現代における公立学校での「ムスリム少女のスカーフ問題」など判断が簡単でない事象が起こりうるが、革命期以来の一貫したこの考え方は、正しく理解しなければいけない。

時間だけでなく、空間の編成も根本から改変された。革命以前の従来の州は、王権による支配拡大や有力諸侯の封建所領と不可分な歴史的経緯のなかで形成されたものだったので、それらは廃止された。代わって、ほぼ同面積に近い八三の県に区分し、主に山川海などの自然から県名をつけ、県・郡・小郡・居住自治体（制度上は町村の区分はない）からなる、地方自治・統治の仕組みが作られた。革命期には内戦もあり、すべてが落ち着いたわけではなかったが、この考え方と制度は、帝政以降にも部分修正されながら受け継がれていく。

時間・空間の枠組みは、人が生きていく上での基本的な認識に関わっている。他にも、実施はナポレオン体制下となったものもあるが、メートル法やグラム法という合理的な度量衡による全国的統一もなされた（これらはやがて国際的に拡大するが、パリに計量原器があるのはこの先駆的な制定による）。それまでは、地域によって計量枡《ます》や尺度は異なっていた。

これらの検討、審議と制定には、一流の学者たちが時間をかけて貢献した。他方、国語（国家語）としてのフランス語の普及政策と、そのための地域言語調査、あるいは各地の生活意識と習俗に関する調査計画など、動揺した革命状況下には十分に実現はしなかったものの、文化的な表象行為の前提になる諸条件への関与の意思も示されていたことは興味深い。国民教育や救貧政策についても委員会が設けられ、議論のために多くの時間が費やされたが、それらが実現に向かうには、革命の推移と期間では、対応できなかった。

変化の発信地パリ

これらの議論や措置が、直ちに実現可能性を持っていたか否かは別にして、いずれも基本的人権や自由を前提に、普遍的合理性の追求を基本理念としていたことは確かであった。一七八九年夏の革命勃発から、九九年の統領（執政）体制によるナポレオン統治期の開始まで、社会的・文化的な改変を含む多様な指令が革命政府から出されたが、すべてそれらの発信地は、革命政府が本拠を置いたパリであった。帝政とその後にも受け継がれるパリの中央集権的な地位は、旧王政期よりも革命によって強くなった。地方のなかには、こうしてパリから一方的な指示が降ってくることに対して、戸惑うだけでなく、強く反撥する感覚は常に伏在していた。革命期の課税や徴兵への強い反撥、なかなかやまなかった地方の反乱、内戦とも、こうした感覚は関係していたと思われる。革命を潰したい周辺諸国や旧貴族などの反革命勢力は、そうした地方による革命パリに対する反撥を、最大限利用しようと動いた。

2 表象の多様な噴出

あふれ出る言語と図像

表象（リプレゼンテーション）という面で注目されるのは、言語や音によるものであれ、絵画などの図像によるものであれ、革命勃発後に各種の表象が、氾濫《はんらん》するがごとくにパリの街にあふれ出てきたことである。言語表現で言えば、革命政府による新たな法令や、委員会での審議内容などは、国立印刷所（以前の王立印刷所はナショナルな印刷所、すなわち国立ないし国民印刷所と改称された）で印刷され、パンフレットにして公開された。言葉で主張をとき、説得する、演説という言語表象が、議会においてはもちろん、民間でも、大きな位置を与えられた。宣誓、言葉に出して誓う行為は、歴史的に古くからのものであるが、これもまた革命下では、改めて重視された表象行為となった。

ビラやポスターのような、一枚ものの主張の宣伝、あるいはもう少し分量のある新聞風の意見紙、これらが個人やグループによって、また各種の革命クラブなどの団体によって、雨後の筍《たけのこ》のように発信された。主張がより本格的な場合には、厚さはともかく一種のパンフレットのような形式で出される。こうした意見広報、あるいは公論の開示には、時にカリカチュアなどの絵、図像が添えられた。カリカチュアだけが刷り出されて配られることも見られた。

「文芸の共和国」の成立？

革命勃発直前の三部会議員選出の段階で刊行された有名な『第三身分とは何か』は、意見パンフレットの先駆にして代表格であろう。その著者、まだ無名だった地方の一下級聖職者シエイエス（シーエス）は、一躍革命リーダーの一人になり、転変する革命情勢のなかで、さまざまな位置と角度から関わっていくことになる。革命前半でジロンド派のリーダーとなるブリソも、元来はジャーナリストであり、言論の人であった。恐怖政治期の山岳派リーダー、ロベスピエールは弁護士で、その演説で他を圧倒したことで知られる。立場の明確性を言語によって論理的に問われた革命期には、弁護士などの法曹や学者、著作家が、政治的にも重要な位置を占めた。政治リーダーは、論理的・知的に立場や政策を説得的に言語展開できることが、基本的資質として求められた。

ある意味で、一八世紀の啓蒙思想期からの「文芸の共和国（レピュブリーク・デ・レットル）」の現実化であり、ラマルチーヌやトクヴィル、ユゴーなどの例で知られるように、一九世紀以降に優れた作家や思想家たちが政治家としても活躍するのは、こうした伝統に立っている。また政治家も、自ら筆をとり自伝を書き、関心のある歴史的人物や出来事について作品を書き残すことが、フランスでは特殊なことではなかった。

ビラやチラシや、諷刺画などの図像は、実物を見てもらうのが一番はやい。もしパリに行かれる機会ができれば、パリ市の歴史ミュージアムであるカルナヴァレに行かれるとよい。それに代わる手段としては、カルナヴァレのインターネットのサイトに、とりあえずはアクセスしてみることをお勧めしたい。この歴史博物館ないし美術館は、後章で見る一九世紀のパリ大改造を推進したセーヌ県知事オスマンのもとで、パリの歴史資料や絵画・各種のもの資料を収集保存し、公開するための本格的な準備が始められた。大改造によって古い歴史的な街区が変わっていかざるをえないことからしても、歴史資料を大切に保存公開することは重視されたのである。なんでも新しくすればよいとは、当時の人たちは誰も考えなかった。カルナヴァレは、パリの歴史に関する絵画や彫刻、地図や各種のもの資料など、特に革命期のパリに関するそれらの資料の保存では、随一と言えるだろう。フランス革命勃発時のバスチーユ要塞攻略後すぐに、パリの民衆は要塞を「絶対王政の象徴」とみなして解体しはじめたが、その建材だった石でバスチーユの模型をいくつも作り、地方に売り出した目先のきく商売人がいた。革命の大義を宣伝するためだ、と。その模型の実物も、カルナヴァレに行けば見ることができる。

3　人類の芸術遺産をパリに集めよ！

革命家たちと芸術

王室コレクションの芸術作品を市民に開放する計画は、革命以前の王政下から始まっていたが、革命勃発によってその位置づけを変えた。国家の中央美術館で公開することは、フランスの栄光をすべての時代のすべての国民の上に広め、全世界から称賛の的になり、フランス共和国の名を高めるための強力な手段となる、という位置づけを与えられることになる。

革命期には、教会の建物などと並んで美術品や貴重な内装品なども、旧体制を攻撃したい民衆の一部によって破壊の対象とされたことがあった。一七九三年秋は、教会施設の破壊が特にひどくなった時期であったが、教会権威を批判した革命のリーダーたちは、こうした破壊については、これを非難し、やめるよう説いて、古代ローマを破壊したゲルマンの一族ヴァンダルみたいだからやめなさい、として破壊行為をヴァンダリスムと呼んだ。むしろ、教会に関わるものであっても、貴重な芸術文化作品としてフランスが人類に示すべき文化財とみなしたのである。

教会権威の否定という点では共通していた革命リーダーにも、宗教心に関してはさまざまな立場があった。訳語でも「自由の女神」とされるように、「自由（ラ・リベルテ）」を古代女神像のような女性像によって象徴的に表現し、「理性」や「最高存在」を崇拝や祭典の対象とする感覚は、現代からすれば理解は簡単ではないが、革命期には奇異なことではなかった。旧王政下から名声を確立し、やがてナポレオン期の帝室画家ともなる、新古典派を代表する画家ダヴィッドも、革命期にはそうした革命祭典の企画に関わった。今で言えば、総合プロデューサーの役割を積極的に果たしている。

革命家に共通していた発想は、芸術の傑作は専制政治の重圧のもとに埋もれてしまうのではなく、市民に広く開放されなければならない、という考え方である。人類の最先端にある芸術品の真の祖国は、革命で市民が自由に解放されたフランス共和国にほかならない、というのである。一種の普遍主義的な人類の美的・芸術的共通資産という考え方であるが、革命フランスこそは、あらゆる圧政から解放された市民からなる、それら人類最先端の芸術品を集約して保存公開すべき場であり、その首都パリのルーヴルがそれだというのである。人類の普遍的価値というユニヴァーサリズムと、フランスへのパトリオティズムとが同居した時代であった。

しかも、革命政府は、周辺諸国との革命戦争を展開するなかで、それらの諸国に所蔵されている芸術品は、人類の誇るべき宝であるから、進歩の先端パリにこそ集約して公開すべきだ、と主張するに至り、戦地で勝利した場合には、事前調査してリストアップしておいた絵画彫刻などを接収して、パリに運んだのである。こうした考え方は、じきに皇帝となるナポレオンにも引き継がれる。驚くべき行動と言われるかもしれないが、やがて一九世紀から植民地支配を強化するようになる各国は、支配対象になった植民地から、あるいは戦闘で破った地域から、その地の芸術的価値が高いと評価される作品を自国に持ち帰ることになる。フランスの場合にも、それらの旧植民地から手にした作品の返還問題は、現在のケ・ブランリ美術館の収蔵品にまで及んでいるので、決して二〇〇年前のことだけではない。

市民公開への前史があった

じつは、こうした芸術作品のパリへの集約と市民公開という方針は、突然発想されたものではなかった。その前提を探ってみよう。

一方で確認できることは、すでに、王侯貴族や上層市民の間では芸術作品のコレクションがヨーロッパ各地で進行して、それらを互いに鑑賞しあうという作法が広がって相当の年月が経ち、社会的に公開する方向も一八世紀から広まりはじめていた。他方では、芸術作品にとどまらず広範な文化遺産と、加えてありとあらゆる自然界の生物、鉱物、化石など、未知の領域に関わる標本を収集して調べ、研究し、しばしば精密な絵に描いて鑑賞するという学問、ないし文化的趣味が、先駆的には一七世紀から、特に一八世紀に入って学者のみならず市民の関心を呼ぶようになっていた。フランス語でいうイストワール・ナチュレル、博物誌学である。日本では「自然史」という訳語が与えられることもある。確かに、先史時代以来の歴史的過去総体に関心を払うという面はあるが、歴史研究というわけではない。むしろ「百科全書的な知」の探究とでも言うべき関心であった。ロンドンで一七二八年に刊行された二巻本の『百科事典』に刺激され、フランスでディドロたちが編集出版した『百科全書』が、補遺の巻まで数えれば全三五巻となる巨大プロジェクトのように刊行されはじめたのが一七五一年である。

一八世紀には、美術作品や博物誌的な知への関心は、書物や公開講座などを通じて、広く市民を魅了するようになっていた。パリに先んじて、市民に公開する本格的な博物館、ミュージアムが公的に開設されたのはロンドンである。王室付き医師であったスローン卿の博物誌的コレクションが国に譲られた機会に、国立博物館としてブリティッシュ・ミュージアムの設立が一七五三年に決められ、五九年には公開された。ヨーロッパ諸国は近接しており、その相互影響関係は濃かった。一八世紀には絵画彫刻を軸にした美術館整備も、フィレンツェのウフィッツィ美術館、ドイツのドレスデン絵画館など、市民公開を前提に各地で進んでいた。

フランスでも、地方のトゥールーズやディジョンなどで、地方当局や地方アカデミー関与のもとに、教育目的を含めてミュゼ（美術館ないし博物館）の設置は始まっていた。各地で、画業を志す人たちに向けてデッサン教室などが本格的に開かれるようになったのも一八世紀である。美術に関する関心が市民層にまで広く浸透してきていた、と考えてよいのだろう。そうしたなかで、王室コレクションの傑作絵画の実物を見て参考にしたい、という要望も広まる。ヴェルサイユ宮殿にある作品はただ死蔵されるのではなく、パリのルーヴル宮には大広間もあるのだから、そこで参観させてほしい、という要望である。

一八世紀にルーヴルは、国王のパリでの拠点となっていた隣接のチュイルリー宮殿とは違って、各種アカデミーが本部を置くなど、さまざまな学術・芸術の活動の場ともなっていて、ちょうどその改修整備が大きな課題となっていた。ルイ一五世の政府は、こうした要望を聞き入れ、一七五〇年に王室コレクションの一部を公開させた。所蔵絵画の公開という点で言えば、他国に比べて遅かったわけではない。しかし場所はルーヴルではなく、ルーベンスの傑作も掛かっていた左岸のリュクサンブール宮殿で、一〇〇点あまりの作品を水曜と土曜に無料で一般公開し、芸術家には他の日にも見学可能にしたのである。しかしその後、このリュクサンブール宮殿はルイ一六世の弟プロヴァンス伯（のちのルイ一八世）に譲られたため、一七七九年には美術館としての使命を終えてしまう。

他方、一七七四年に王位についたルイ一六世は、ルーヴルの本格的改修を、知人でもあった王室建造物局総監ダンジヴィレ伯爵に命じ、ルーヴルのグランド・ギャラリーを美術作品公開のために整備する事業と、新たな絵画コレクションの購入拡充を推進させた。人類の芸術資産を市民に公開し、フランス王国の偉大さを示すのだ、と。いかに改修すべきか、展示のあり方、採光はどうするか、建築アカデミーを含め議論が重ねられ、それが結果的に開設を遅らせたと言えるかもしれない。そして、予期せぬ形で革命が勃発し、一七九一年にはダンジヴィレは亡命した。

ルーヴル美術館の開設へ

革命が起こった一七八九年の暮れに近い一一月、教会資産の国有化が決められた。翌月からはその不動産が売却されはじめ、国家財政の補塡《ほてん》に向けられることが始まった。さらに教会資産のうち彫刻や絵画、多様な物品や書籍などの動産はどうするか、議論ののちに、各県の責任で一覧リストを作成するよう指示が出された。最初の憲法がまだ制定される前、一七九一年五月には、国民議会はルーヴル宮を国民宮殿（パレ・ナショナル）として学術・美術の貴重品を展示する美術館にすることを宣言したが、この時点ではまだ王家は存続しており、具体的な展開にはつながらなかった。しかしこの時の議論ですでに、美術の殿堂ルーヴルはパリを「芸術の首都」にして「旧体制に対する新体制の優越を明証する」ことになるはずだ、という議論がなされはじめていた。日本語では美術館と博物館とを使い分けるが、英語のミュージアム同様、フランス語ではミュゼは双方に該当する。あえて美術館を言う場合には、ミュゼ・デ・ボザールとも表現するが、この先は日本語での慣用にしたがって、ルーヴルは美術館と表記していくことにする。

美術館開設の具体化への動きが現実となるのは、翌一七九二年夏から秋にかけて、八月一〇日のパリ市民の武装蜂起ののちに、王政停止と最終的な廃止、共和政への移行があった時期からである。王宮も王室コレクションも、王室にではなくナシオン（国民であり国家）に帰属するものとなった。しかし、夏の王政停止に伴い、公共空間にあった王政を象徴する彫像や装飾品は、圧政の象徴だとして、興奮した民衆によって破壊されることが起こっていた。美術品を破壊から守ることは急を要した。一七九二年九月一九日、王政を廃止して共和国が宣言される直前、内務大臣ロラン（いわゆるジロンド派リーダーの一人）主導のもとに、「王室にあった絵画美術品等をルーヴルの収蔵庫に集めるよう」指示がなされた。それらを市民に展示公開することが、共和国の名声を周知することにつながるであろう、と。

続く一〇月から、五人の画家と一人の数学者を委員として設置された「ミュージアム委員会」が、各地に散在する美術品を調査収集する権限を与えられて、実質的な活動を開始した。すでに同年四月には、国外へ脱出した亡命貴族の所有資産も、美術品コレクションを含め没収することが決められていた。この頃すでに、将来にわたって受け継ぐべき「国民共有遺産」という理念が語られていたことは興味深い。現在では「世界遺産」としてユネスコが論議するに至る発想の原点が、このあたりにあるのかもしれない。

王政廃止につながった一七九二年八月蜂起の一周年を記念する祝典の目玉の一つとして、一七九三年八月一〇日に、ルーヴルの「共和国中央美術館」としての開館式典がなされた。この時期に推進役になったのは、ロランの後任として内務大臣になっていたガラであった。しかし式典と一時開館の後、本格的に一般公開されたのは一一月で、現存画家たちの作品展も並行して開催された。展示空間の整備など、まだ公開体制が十分整っていたわけではなかった。こうした開設を取り巻く時期の情勢は、周辺諸国との革命戦争の危機的状況がつのるなかで、王政の記憶につながるものの破壊などが目立つものだった。第一章で言及した、サン・ドニにあった歴代国王の墓と関連施設の破壊も、こうした状況の中でなされた。しかし他方では、すでに触れたように、ヴァンダリスムへの批判がなされ、芸術文化の振興が教育と並んで重視されるようになっていた点も確かである。政治的な動揺が繰り返された革命期には、さまざまな相互に矛盾《むじゅん》するような動きも生じていた。

ルーヴル美術館の発足は、いわば見切り発車した様相であったが、革命暦一週一〇日のうち五日は画家や模写生のみの入館日とし、次の二日を清掃に当て、市民への一般公開は三日のみとされた。すでに王政廃止後の指示に基づいて、ヴェルサイユ宮殿からは諸外国の巨匠の作品や、フランス画家の秀逸な作品が「中央美術館」としてのルーヴルに集約される動きが始まっていた。王室コレクションに継承されてきたダ・ヴィンチの『モナリザ』も、そうしてルーヴルに展示されることになる。革命戦争を通じて国外の各地から美術品を接収し、ルーヴルに集約するという政策が実行されるのは、こうした展開と軌を一にしてのことであった。

芸術作品の接収とルーヴルへの集約

革命戦争で勝利した土地に収蔵されていた美術品や、芸術性の高い歴史遺産をフランスに持ち帰り保管し、必要な修復などを施して、ルーヴル美術館に展示する、という接収行為は、ナポレオンが革命軍を率いていた時期から皇帝となった後の帝政期にかけて、徹底して実行されたことで有名である。その行動には、実務的な推進者としてドミニク・ヴィヴァン・ドゥノンという人物が深く関与していた。一七四七年生まれのドゥノンは、ルイ一五世に気に入られて外交官を務めるなどしてキャリアを積みはじめた人物であるが、自らも絵画や版画をたしなんだ。革命下に行われたナポレオンのエジプト遠征に、学術団の一員として同行し、いち早く報告書を刊行するなどして注目され、一八〇二年にはルーヴルの館長に任命されると、翌年にはナポレオン美術館と改称し、帝政末まで館長を一貫して務めることになる。そしてナポレオンが支配下においた諸国・諸地域で、ドゥノン自ら事前に用意した克明なリストに基づいて、膨大な数の芸術作品を接収しフランスに持ち帰らせたのである。

帝政期についてはこれ以上触れないが、しかし実は、こうした行動は、すでに言及したように共和国成立以降はもとより、立憲王政であった革命の早い時期から、人類史的な使命という、普遍性を主張する論理をもって唱えられるようになり、計画されはじめたものであった。

「ミュージアムに稀少《きしょう》で貴重なものすべて」を集約することによって、パリが現代のアテナイとなり、「かつては悪弊の首都であったが、今や自由によって再生した人びとが住まうパリが、芸術の首都となるように」、といった発言は、一七九一年一二月というまだ立憲王政の時期から、出されはじめていた。九二年九月に共和国となり、九三年にルーヴルに中央美術館が開設され、九四年に入って対外戦争の状況がいささか好転しだすと、オーストリア・ハプスブルク家支配下にあったベルギーをはじめ、戦地となった周辺諸国で支配階層によって所蔵されてきた芸術品を接収し、パリに集約するのは革命フランスの使命だとする、さらに具体的な方向へと議論も作戦計画も、進みだす。接収のためのリスト作成も、事前に用意されるようになった。国内でのヴァンダリスムを非難した元聖職者のグレゴワールなども、こうした動きを加速させた一人であった。国内でいわゆる「恐怖政治」を推進したロベスピエール派であろうと、それを九四年七月末に倒したテルミドール派であろうと、革命の推進者たちにとって「芸術は自由の子」であり、「芸術の祖国はフランス」であり、そして「その首都パリこそは新しい世界の芸術の都」となるべき都市であった。ナポレオン帝政期になされた大量の美術品接収政策は、まさにその延長線上に位置していた。

これらの接収作品は、基本的に復古王政下に返却されていく。しかし他方、ミロのヴィーナスのようなのちに寄贈されたものや、スペイン関係の新たな作品購入が進められるなど、一九世紀を通じて考古関係から当時の現代絵画に至るまで、ルーヴル美術館での収蔵展示品の拡充は進んだ。

一八七一年のパリ・コミューンに伴う内戦によって、第二帝政期にナポレオン三世も拠点としたチュイルリー宮殿は焼失し、ルーヴルもかなりの被害が生じた。しかし、第三共和政のもとで一八九五年に国立ミュージアム機構RMNの前身が組織され、ルーヴル美術館もその枠組みで、収蔵展示品の他の美術館との住み分け調整をはじめ、管理運営上の整備も進められることになった。

革命期からパリはまた「学術の首都」として、博物誌的な学知の達成を保管開示する場であるべきだ、という議論も進められていた。王室の薬草園に起源を持つパリの王立植物園は、再整備ののち一七九三年六月には一般公開され、国立自然史博物館と植物園として生まれ変わった。物づくり技術に関しても、多様な面での熟練した職人的手業を基本に、この頃には多様な自動機械も開発されはじめていたが、それらについても保存伝承と教育を兼ねた展示室を含む施設が作られる。それが「アール・ゼ・メチエ」と略称される国立職業技芸伝承博物館である。セーヌ右岸の旧サン・マルタン・デ・シャン修道院の建物を再利用する形で落ち着いた時には、しかし状況はナポレオン支配体制へと移行した後であった。

第七章　ロマン主義以降の芸術文化と新たなパリの中心性

1　古典主義の権威とロマン主義の擡頭

持続した古典主義の権威

革命の動乱を経たフランスを含め、一九世紀に入ったヨーロッパの芸術文化において、公的権威であった各国アカデミーなどの主要な姿勢は、依然として古典主義の重視であった。それを象徴していたのは、一九世紀前半に新築されたベルリンの国立博物館や、改築されたロンドンのブリティッシュ・ミュージアムのファサード（正面入口）の様式である。それらは、あたかもギリシャかローマの神殿のような、列柱が配された古典様式である。フランスでも、パリで同じ頃に完成した巨大なマドレーヌ教会は、コリント様式の列柱で囲まれた神殿のような長方形の建築として実現している。

絵画の様式としても、均斉を重視した画風で描くことが求められ、革命後の一九世紀前半、勢いを取り戻したアカデミーの基準では、古典主義に沿わないと官展（サロン）にも通らなければ、国家が公費で購入する絵画の候補にもしてもらえない。それでも、フランスでの官展への応募は増加して、一八一七年には一二九三人の画家が応募したのに対し、一八五〇年には六〇〇〇名近い数になったという。アカデミーにおける古典主義の重視は、一九世紀を一貫して変化しない。毎年の最優秀者に与えられたローマ賞の画題も、古典古代の歴史やキリスト教に関する故事から選ばれたものに終始している。好き嫌いを別にすれば、巨大なキャンバスに描かれる均整のとれた絵は確かに見事ではある。

こうした芸術に関する論評をのせる新聞もまた、裾野が広がりはじめて、美術作品は貴族・上層市民のコレクターばかりでなく、より多くの市民の関心の的になっていった。官展以外のところでも、展示会の開催や絵画の需要は、特に一九世紀後半から広がる。やがて世紀末に近づけば、よく知られるように印象派の画家たちは、その画風を拒否する官展に対抗して、独自の展覧会を開催することになる。画家たちは、それぞれが納得のいくような画風を追求して、新たな表現行為を世に問うた。そうした動きを支えたのは、ロンドンやウィーンなどと並んでパリを拠点とした美術市場の拡大であり、画商たちの活動が一つの経済分野ともなり、芸術文化を推進するものとして、国境にとらわれることなく重要になっていった。一九世紀にそのような芸術文化発展の開始をしるしたのが、ロマン主義の潮流であったと言えるだろう。

マドレーヌ教会（1842年完成）
出典：D. Chadych 他前掲書より.

擡頭するロマン主義

古典主義が支配的な体制のなかで、それに抗《あらが》う動きがまず先行したのは、イギリスやドイツなどにおいてであった。一八世紀後半から、芸術家個人の感性や幻想や、インスピレーションに基づいた作品を発表する人たちが現れてくる。一、二の先駆例のみ挙げれば、イギリスで不思議な幻想的版画などを残し、しかも社会派でもあった詩人ウィリアム・ブレイクの作品、また、とりわけウォルター・スコットの著作。一八二〇年に発表されたスコットの歴史小説『アイヴァンホー』は、フランスでも読まれ大きな刺激を与えた。しかも彼の作品は、スコットランドの固有なネイションとしての歴史と文化の称揚につながる点で、時代の要請に見事に対応する魅力を発していた。一九世紀も進むと、それまで伏在していた中世への関心が膨らんでいく。建築でも、ネオゴシックの傾向を示すものが出てきて、ロンドンでいえば火災のあと再建されたウェストミンスターが一例であり、パリでも、革命期に荒廃して以降そのままであったノートルダム大聖堂が、本格的な修復へと向かう。それは、フランス各地で進められた歴史的建造物の修復保存や史跡保存の組織化と連動していたが、その司令塔はパリにあった。その史跡監督官として力を発揮したプロスペル・メリメは、のちにビゼーがオペラにした『カルメン』を書いた文学者でもあった。

フランスでは、革命と帝政による社会の混乱が生じたことも関係して、ロマン主義的な感性からの作品が美術や文学などで、公式の権威と対抗しつつ大きな波のように高まりはじめるのは、一八二〇年代半ばから三〇年代にかけて、と言ってよいのではないかと思われる。もちろん、その作品と発言によってナポレオンを不機嫌にさせたと言われる稀代の才女スタール夫人のような、その先駆的な存在を無視してよいわけではない。スタール夫人についてこは、「フランス革命とナポレオン独裁を生きぬいた自由主義の母」という副題を持つ工藤庸《くどうよう》子の内容ゆたかな書物を日本語で読むことのできるわれわれは、幸せである。

ロマン主義とは何であったのか

それにしても、ロマン主義とは何だろう。画家や作家ごとに、時期によっても多様な側面を示した動きであっただけに、定義するのは簡単ではない。政治的には進歩主義や共和派とは限らず、すべての人が社会矛盾に立ち向かおうとしたわけでもない。ソルボンヌのロマン主義文学の講座を二〇世紀末に担当していたマドレーヌ・アンブリエール教授は、フランス・ロマン主義を厳密に定義するのは困難だ、とした上で議論を始めているくらいである。美術史家の高橋裕子《たかはしひろこ》は、主に美術を念頭に置きながら、全般についてとても分かりやすく説明してくれているので、ここではその概略を拝借しながら確認しておこう。

ロマン主義は、様式的には多様であったが、従来の芸術観における普遍性や規範の重視に対して、個人の個性・経験・感じ方を重視し、創意と想像力の自由な発揮が芸術創造には不可欠だとした。つまり、現在常識となっている芸術観は、ロマン主義とともに生まれた。これは、フランス革命が打ち出した人間の自由という理念とは一致するが、しかし革命理念を裏打ちしていた啓蒙思想の合理主義とは、相容れない。むしろ、自由を奪われている人びとへの、損得を度外視した英雄的な関わりや、合理的には説明できないような情熱、夢や幻想の世界を、文章や絵画、あるいは音楽によって表現する道を拓《ひら》いた。「個人の感じ方の重視は、伝統的なジャンルのランク付けを無効に」して、感情に強く訴えるものが重要性を獲得する。高橋によれば、一九世紀に、絵画における風景画が大きな位置を占めはじめるのも、こうした動きと連動しており、また、「普遍性に対する個別性の重視は、アカデミーの規範からはみ出していた過去の時代様式の再評価をもたらし、歴史主義を招くとともに、近代的な学問としての美術史学成立の前提となった」のであった。

2 異分野交流と芸術グループ内での切磋琢磨

画家ドラクロワと作家ユゴー

フランスにおいて、美術の面でロマン主義の大きな流れの堰を切った画家は、ドラクロワである。まだ二〇歳代半ばの一八二四年に発表した『キオス島の虐殺』などの作品で、強い色調と激しいメッセージ性を持った画風を打ち出したドラクロワは、同時代の音楽や文学にも深い理解を示し、新しい芸術家たちのグループにも、ジャンルを超えて積極的に関わったことで知られる。彼の作品と言動のインパクトは、その色彩と同様に強烈だったにちがいない。一八三〇年パリで生じた七月革命を支持して描いた『民衆を導く自由(の女神)』の絵で、日本でも有名である。ドラクロワは、公共建築物の壁面装飾などにも関わって、作品の社会的な反響も大きく、まだ無名であった後輩画家たちに対する影響は甚大であった。

ドラクロワは若いうちから活躍しはじめたと書いたが、それは決して例外事例ではなかった。のちに国民的文学者と言われるようになり、一八八五年の没後に国葬までされたヴィクトル・ユゴーが、『クロムウェル』という戯曲の序文で古典演劇を批判し、ロマン主義の作家たちを中心としたパリの「セナークル」と言われるグループに加わっていたのは、やはり二〇歳代半ばのことである。

ドラクロワ『キオス島の虐殺』（1824年）
オスマン帝国からの独立運動を始めたギリシャを支援する意味を込めて，強い色彩と構成とで支配の残酷さを強調して訴える，激しい姿勢の作品である．
所蔵：ルーヴル美術館．© RMN- Grand Palais (musée du Louvre)/ Hervé Lewandowski.

こうしたグループでは、志を共有する作家や詩人、あるいはその志望者、ジャーナリストや思想家などが、定期的に集まり作品を論評しあい、あるいは時事的なことがらについて意見を交換しあうのであった。はじめ同世代のユゴーの友人として、こうしたグループにも顔を出していたシャルル・サント・ブーヴが、文芸時評を新聞メディアに書く文芸評論家という役割を確立するようになる。新聞が多様に刊行されるようになり、芸術文化にとって新聞記事が重要になってくるのも、一九世紀前半のパリであった。

「エルナニの闘い」と自由のパリ

ユゴーは、生涯続く社会的で人道的な関心を、はじめ一八二九年に『死刑囚最後の日』という作品として発表し、直後の一八三〇年には歴史戯曲『エルナニ』を発表した。二月のパリでの劇場公演は、それを批判する正統派の観客と、熱烈に支持する若い観客との間で喧嘩《けんか》騒ぎになって、同時期の諷刺画に画題を与える顚末となる。後々まで「エルナニの闘い」と俗称されたこの上演が、いわばフランスでのロマン主義文学の明確なマニフェストとも言われる所以である。ユゴーは、『エルナニ』の翌年には歴史小説『ノートルダム・ド・パリ』を発表し、同時代にはその作品評価は二分されたというが、前述した大聖堂修復への刺激にもなった。議員として政治活動にも野心を持ったユゴーは、ヨーロッパ合衆国形成への提言のほか、ルイ・ナポレオンのクーデタとその第二帝政には激しく抗議し、帝政が崩壊するまで亡命先から帰国せず、政治的にもフランス内外に発信する姿勢を崩さなかった。代表作『レ・ミゼラブル』が書き上げられ、出版されたときも、彼自身は亡命先であった。

現実の政治社会と切り結ぶこうした芸術活動は、他の国からも注目されたが、世紀前半からパリにはそうした展開が集中していた。ユダヤ系ドイツ人の詩人ハイネはすでに有名であったが、ドイツ官憲による監視を嫌い、一八三一年にパリに亡命し、多くの作品を残してパリに没することになる。ポーランドの独立回復運動にも関わった天才ピアニストにして作曲家のショパンも、一八三〇年の蜂起が失敗した後、同輩のポーランドの芸術家たちとともに、自由な芸術活動が可能なパリへと活動拠点を移した。ショパンが、才能豊かな女性作家ジョルジュ・サンドとパリの芸術サロンで出会い、恋に落ちて、肺の病で死去するまで生活をともにしたことは有名である。ハンガリー生まれのフランツ・リストも、同時期に若くしてパリで芸術家たちと交流し、まさに一八三〇年に『幻想交響曲』を書いたところであったフランス人作曲家ベルリオーズもまた、こうした相互の刺激の輪

ドラクロワ『男装のジョルジュ・サンド』（1834年）
所蔵：ドラクロワ美術館. © 2017 RMN-Grand Palais (musée du Louvre)/Michel Urtado.

に欠けてはいなかった。

ジョルジュ・サンドは、本名オーロール・デュパン、まだ女流作家という地位が確立していない時代に、パリの文壇で活躍するために、あえて名前を男性名にして多くの作品を刊行し続けた、強く魅力的な女性であった。成功を収めるなかで彼女がひらいたサロンは、多様な分野の芸術家や思想家、ときには政治家や外国からの来訪者も混ざって、才気煥発《かんぱつ》だったことで知られている。画家ドラクロワも、そうした集まりに顔を出し、彼女の肖像画を残している。サンドは地方素封家の家柄出身として、先祖からの所領を受け継ぎ経営しながら、女性が決して男に負けない才能を発揮できることを、多面にわたって身をもって示した人であった。

3　作品を通して浮き上がる世界とフランス

フロラ・トリスタンと精神の解放

ジョルジュ・サンドとまったく同時代のパリには、フロラ・トリスタンという女性作家もいた。フランス革命に伴う混乱期に、ペルー出身のスペイン軍士官とフランス人女性との間に生を享《う》けた彼女は、出生証明の書類が得られず、成人後の社会的位置は、サンドとはまるで正反対の下働きの下層にありながら、厳しい境遇にめげることなく文筆で積極的に信念を発信し続けた、作家にして運動家の才女であった。求められ結婚した夫からは、銃で撃たれて負傷するほど嫉妬《しっと》まじりの非道な扱いを受け、それから逃れようにも、ナポレオン民法典以来、女性の側からの離婚の申し出は不可能であったので、ひたすら身を隠しながら家政婦などをして生活し、同時代の女性解放と貧困からの脱出、人類の自由と解放を求めて、著作を書き続けた。彼女が一八四〇年に刊行した『ロンドン散策』は、表向き紳士的な男たちが支配するイギリス・ブルジョワ社会に関する、現在で言えば、秀逸な告発の社会派ドキュメンタリーである。そしてフロラは、女性のみならず社会の最下層で従属を余儀なくされている全世界のプロレタリアートを解放すれば、人類の解放が実現できるという主張を、理論的根拠は別にして、一八四八年に『共産党宣言』を出したマルクスたちにも先駆けて提唱する。単身フランス全土を説いて回ろうと旅したその途上、ボルドーで客死した。一八四四年のことである。

彼女を賞賛するというよりも、こうした異色文筆家にして社会活動家の存在がありえたことにも、パリが関わっていたことを指摘しておきたい。彼女の執筆刊行を最初に支えたのは、パリの市民と文壇・論壇のなかの一部の人びとであった。今で言えばクラウドファンディングのようなものであるが、新聞で支援を呼びかけられたパリの著作家をはじめとする市民たちが、醵金《きょきん》でもってフロラの出版を支えたのである。彼女は、まさにフェミニズムと国際主義の先駆けをなす女性の一人であった。彼女の孫、つまり娘の子が、近代文明のあり方に違和感を持ってタヒチに移住して独自の作品を残した、世紀末の異色の画家ポール・ゴーギャンであるのは、理解できる気がする。もっとも、四〇歳すぐで他界してしまった祖母フロラは、孫の誕生を知ることはなかった。

バルザックが拓く現代小説への道

一九世紀半ばまでに数多く現れたパリが拠点の作家たちのなかで、われわれのテーマとの関係でもう一人言及するとすれば、小説家オノレ・ド・バルザックである。官吏の息子としてはじめ法律を学んだバルザックは、一念発起して執筆に没頭し、フランス革命期のブルターニュ地方に素材を求めて、一八二九年に発表した『フクロウ党（シュアンヌリー）』が評価されて以降、没するまで約二〇年間で九〇篇の小説を出し続けるという、驚異的な仕事を残した。バルザックは、これらの作品を「ラ・コメディー・ユメーヌ」というシリーズとして括った。日本では「人間喜劇」と訳されている。もちろんここでいうコメディーとは、ただ面白おかしい喜劇ではなく、人の生き方の面白さと哀しさとが併存しているような人間ドラマ、という意味合いである。革命後に揺れる同時代フランス社会で、状況に振り回されながらも、さまざまな問題に突き当たり生き抜く普通の、多様な位置にある人びとの生きざまを通して、フランスというネイションを描き出そうという、野心溢れる位置づけを作品群全体に与える姿勢を、一八四二年に公にしたのである。

一八四八年の二月革命まではもうすぐ、フランスでもかなり工業化が動きだし、パリの社会もさまざまに変化を示していた時期であり、ヨーロッパ内では、国民主義としてのナショナリズムが、各地で高揚しつつあった時代である。もはや、旧体制は遠くなりつつあったが、まだ新たな社会への転換は明瞭《めいりょう》ではなかった。イギリスの経済力と帝国としての力はフランスでも意識されていたが、しかしフランスの各地方では、それぞれの地域の名望家による支配は持続していた時期である。簡単に言ってしまえば、政治も社会も経済も、すべては過渡期的状況のなかにあった。さあ、社会はどこへ行くのか、人びとはどう生き抜こうとしているのだろうか。そうした多様な生きざまを、バルザックは見事に文筆で表現してみせた。社会を生きる具体的な人びとのその生き方から、その由来を探り、フランスの現状を問おう、という壮大なプランでもあった。しかしそれで、フランスを特権化するわけではなく、パリのスノビスムや成金趣味を茶化すことも忘れてはいない。こうしたバルザックの描き方に示されているのは、現代にまで通じる小説作法の開拓だ、というのが文学研究者の定説らしい。

先行きが不透明な現実のなかで、矛盾を内包した人間の生き方そのものを凝視してドラマとして描き抜く、という作家の執筆姿勢である。たしかに合点《がてん》がいくのではないか。

バルザックの時代のパリ

ユゴーによれば、かねてパリは、「ラブレーを父祖とし、モリエールを息子とし、そしてヴォルテールをその魂」とする、まさに「弾《はじ》けるような哄笑《こうしょう》」に満ちた町である。バルザックは、パリを舞台とした作品を少なからず残し、さらにはパリの人間模様を、解剖的筆致でさばいてみせたりしている。考現学的な風俗研究とでも言える志向が、作品として可能になる町がパリであった。そのバルザックのパリは、まだ大改造前のパリである。中世以来の町の構造も一部に残しながら、しかし生活をめぐる様相は、資本主義的な経済社会の展開が進みつつあるなかで、近代的変化が間違いなく一面で生じている、そういう時期である。一面で、というのは、他面では、伝統的とも言えるような街区内での市民、特に民衆居住者たちのソシアビリテの世界、社会的な隣人関係ヴォワジナージュは、依然として生き生きしていたからである。そうした住民・市民の日常からの関係性抜きに、一八三〇年の七月革命や四八年の二月革命における、市民・民衆の体を張った命がけの実力行動は理解できないだろう。しかし同時にまた、商業の活性化は、新たな商品をパッサージュに居並ぶ商店の店先に増やし、そぞろ歩く市民の目に訴えかけてくる。すでに市中には何軒か、デパートの前身にあたる大型の商店も姿を現している。バルザックに限らず、作品の読み手であるパリの市民たちも、当然ながら自分たちの町の変化を熟知している。おそらくは、見慣れた町を作家たちが文筆でさばいてみせる、その手腕に注目したにちがいない。

「読書の首都」パリ

小説などの作品が多く生み出されるには、一つには出版の世界が新たな発展の方向に入っていたこと、同時にまた、一九世紀前半から各種の新聞がメディアとしていよいよ重要になりはじめ、新聞連載小説の形式も始まっていた、そういう関連条件の充実も見逃せない。すべての読者が個人で本を買ったわけではなく、新聞の連載で読む、市内の貸本屋を利用する、読書クラブないし読書カフェを活用する、こういった手段がパリにおける文芸の発展の基盤にあった。一つ一つは要素だが、全体としては重要な条件整備につながった。

旧体制下から学術出版社として定評があったフィルマン・ディド社などもあったが、現在では巨大なメディア企業であるアシェット社は一八二六年に、同じく辞典類で有名なラルース社も一八五二年に、パリで創設された会社であった。他にもいくつもの出版社が動き出していた。

こうして、一九世紀半ばまでに条件整備とでも言うべき事態が進んでいったパリの文芸作品の世界は、第二帝政期から以降は、驚くべきと言ってもよい充実さで作家が登場し、小説にせよ詩作にせよ、あるいは戯曲にせよ、それぞれの創作を世に問うことになっていく。かつてのようにパトロンによる庇護のもとに作品を出すのではなく、読者による評価に応じた作品の出版が可能な時代が、確実に開けていった。

第二帝政期に詩集『悪の華《はな》』によって、ユゴーからは「新たな戦慄《せんりつ》の創造だ」として評価を受け、しかし官憲からは公序良俗違反という古い規範によって裁判沙汰《ざた》とされたシャルル・ボードレールは、散文詩集『パリの憂鬱《ゆううつ》』でも後世に及ぶ影響を、ただフランスだけでなく残した詩人であった。ボードレールとまったく同年の一八二一年生まれだったギュスタヴ・フロベールもまた、その作品『ボヴァリー夫人』で訴追されたのだが、一青年の恋愛と革命経験の挫折を描いた『感情教育』では、一八四〇年代パリが中心舞台とされている。この文筆表現の魔術師とも言われるフロベールに師事した作家は少なくなかったようだが、『女の一生』とか『ベラミ』といった作品で知られるモーパッサンも、その一人であった。モーパッサンとともに、いわゆる自然主義小説を唱えて作家としてデビューしたエミール・ゾラは、じつに多くの作品を通じて同時代のフランス社会の様相を描き続け、時代の雰囲気を知る上で私のような歴史研究者にもありがたいのだが、世紀末にフランスの国論を二分したドレフュス事件においては、ドレフュス冤罪《えんざい》を主張する人権派として「我、糾弾す！」という新聞記事を書き、論争の矢面にたった。他方、『八〇日間世界一周』など、現在でも通用するSF小説や冒険小説にあたる作品を、なんと八〇篇近くも書いたジュール・ヴェルヌのような作家もまた登場していた。作家たちのイマジネーションの世界は、限りなく広がっていた。

ここに名前をあげたごく一部の作家だけでなく、まだまだ多くの作家が登場し、多様な分野とテーマにまたがるその分厚い作品群は、翻訳されて世界各地へと刺激を与えていく。文学研究者で書物史の専門家でもある宮下志朗《みやしたしろう》の表現を借りれば、一九世紀には「読書の首都パリ」が誕生したのである。それも世界の首都として。

不可欠の参照点となる二〇世紀のパリ

一九世紀の展開をうけた二〇世紀のパリは、現実の国籍などとは無縁の「文芸ないし学芸の共和国」にとって、間違いなく首都としての位置を占めるようになっていく。つまり、文筆、芸術、学術に携わる人たちにとって、国籍がどこにあるのであれ、創造者ないし表現者、思考する研究者としての自らの生きる上での拠点、ないし不可欠の参照点として、パリは位置するようになる。

少なからぬ外部からの来訪者は、画家のピカソやシャガールの例を想起すればよいように、フランスに帰化して、活動の拠点を移すこともした。ちょうど現在から一世紀ほども前、第一次世界大戦後の復興がまだ問題になっているような時期であった一九二〇年代から三〇年代にかけて、なぜ、世界各地から多くの、しかも多様な分野の芸術家がパリに集まってきて交友を重ね、それぞれの創作活動の刺激にしたのか。日本からも、画家の藤田嗣治《ふじたつぐはる》（第二次世界大戦後フランスに帰化してレオナール・フジタ）はもちろん、「芸術は爆発だ」の言葉で有名な岡本太郎《おかもとたろう》の例がよく知られているであろうが、もちろん画家だけではない。文学界でのヌーヴォー・ロマンや映画界でのヌーヴェル・ヴァーグが一世を風靡《ふうび》した第二次世界大戦後までを含めて、広い範囲の芸術家や多様な分野の学者・研究者がパリに学び、活動した。日本からも戦前の九鬼周造《くきしゅうぞう》、戦後の森有正《もりありまさ》、加藤周一《かとうしゅういち》、辻邦生《つじくにお》はじめ、名前を挙げだせばキリがなくなる。

日本の例からもわかるように、一九世紀から二〇世紀への世紀転換期以降、こうしてパリに集まってきたのは、欧米主要国からだけではなかった。作家や画家はもちろん、彫刻家、音楽家と演奏家、ダンサー、役者や演劇関係者、新たな分野となった映画の関係者、写真家、そして建築家や工芸家、列挙していけば、分野もまだまだ続くだろう。そして思想や学術の分野でも、パリは多くの人たちをひきつけた。

第一次世界大戦直前の一九一三年、シャン・ゼリゼ劇場で演じられたロシア・バレエ団の公演が、賛否両論を現場で引き起こした。その舞台は、一八三〇年代からロマン主義の展開するなかで確立してきたバレエの枠組み自体を揺るがすものであったから、かつて「エルナニの闘い」でロマン主義の擡頭が宣言されたのとは逆に、ロマン派のバレエに対する宣戦布告と受け止められたのであろう。ロシア人の興行師ディアギレフが組織したバレエ団の公演は、ストラヴィンスキーの「春の祭典」を取りあげ、超人的な跳躍力を持ったニジンスキーという男性ダンサーの振り付けでパリに挑んだのである。ロシア・バレエ団は、ドビュッシーやサティー作曲の曲目も演じ、大戦後にはシナリオ、舞台装置や衣装などを含め、詩人コクトーや画家ピカソなど、多分野の新進芸術家たちの協働のもとで、バレエを軸にして現代舞踊への前衛を実験的に切り開くような試みも展開したのである。一九世紀前半に高揚するロマン主義の時代から世紀転換期へと、多分野にわたる芸術文化の活性化を受けて、ジャンルの垣根を超越した交流や相互刺激がなされるなかで、改めて新たなパリの「参照点」としての評価も高まっていった、と言えるように思われる。

ヴィクトル・ユゴーは、じつに預言者風の記述を残している。一八六七年に出版された『主要作家芸術家によるパリ・ガイド』という本の序文において、彼はほぼ次のように書く。二〇世紀には、「図抜けたネイション」が存在することになるだろう。そのネイションでは、首都はパリとなるだろうが、しかしそのネイションはフランスではなく、ヨーロッパという名前になるだろう、と。これは、彼の言うヨーロッパ合衆国という政治統合体の話とは別に、芸術文化をめぐる彼の読み、ないし望みであったのだろう。現実にパリの位置は、ヨーロッパ・スケールというよりも、それを超えてワールドワイドであった。

第八章　パリ大改造序曲
――啓蒙のアーバニズムからランビュトーの美化政策まで

1　「文明都雅」の先端と映った一九世紀後半のパリ

岩倉使節団の見たパリ

本書冒頭でも少し触れたが、明治五年、西暦一八七二年の暮れ、冬の早い日暮れ後のパリに、アメリカから始まってヨーロッパ各地を歴訪した岩倉使節団の一行が到着した。その記録係を務めた、のちの歴史家、久米邦武《くめくにたけ》は、到着してすぐのパリの印象を、帰国後にまとめた報告書『米欧回覧実記』に次のように書きとどめている。格調高い原文を、現代日本語に訳してあらわすと、ほぼこんな風になる。

「夕刻六時、首都パリの東駅に到着し、馬車にて市街を走る。見事な建築が街路の両側にそびえ、石で舗装された街路に沿って木々が植えられ、ガス燈がともっている。ちょうど月がのぼってきた。この名都の風景の素晴らしさは、目を奪うほどだ。居並ぶ店には見事な品があふれ、カフェには人びとが群がっている。この町の人たちの気風は、ロンドンとは趣を異にしている。そうこうする間にも、馬車はシャン・ゼリゼの大通りを走り、凱旋門《がいせん》近くのホテルに到着した」

直前の一八七一年には、パリ・コミューンの蜂起に伴う内戦がパリ市内で展開し、あちこちには破損の跡がまだ残っていた。チュイルリー宮殿は焼け落ちて姿を消し、すでに述べたようにルネサンス様式の市庁舎も焼失していた。それでも岩倉使節団の面々には、パリは、産業経済の中心ロンドンとは異なる「文明都雅《とが》」の先端、と映っていた。パリの「壮麗ナルニ至リテハ、実ニ世界中ノ華厳楼閣《ろうかく》ノ地ナリ」と。そして「英人ノ高慢ナルモ、婦人ノ風俗ハ、巴黎（パリ）ノ新様ヲ模倣シ」と、イギリス人が聞いたら怒りそうな記述の後では「巴黎ハ文明ノ中枢」だと誉めあげるのであった。

都市の文化的なイメージを決定づける上で、街路状況や建物群が生み出している雰囲気、その場で生きる人びとの様相、一言でいってしまえば全体的な都市景観がもたらす力は、無視できない。パリについても、岩倉使節団のみならず、現在でも、このことは妥当する。このあとは、しばらくその点について検討してみよう。

現代アーバニズムの生みの親パリ

都市計画や都市整備を意味するアーバニズムという言葉がある。この用語は、都市学のフランソワーズ・ショエによると、一九世紀半ばのパリ大改造のしばらくのち、スペインのバルセローナ改造に携わったセルダという建築家によって使用されたのが最初で、そこから各国に広まったという。そのセルダが、近代都市計画のモデルとして学んだパリ大改造、第二帝政下にセーヌ県知事オスマンのもとで推進された一大事業は、実は明治の東京に関する都市計画にも、環状大通りの開設や公園の配置など、一つの参照系となっていた。建築家で建築史研究でも有名な藤森照信《ふじもりてるのぶ》が、早くに指摘してくれている。

パリの都市空間にメスを入れたと言われる県知事オスマンであるが、しかし前提や前例はまるでなかったのであろうか。さほど広くなかった市域の中に多くの人が集まって来て、いわば飽和状態になっていたパリには、何の改善や美化の試みも、それ以前にはなされてこなかったのであろうか。もちろん、なかったわけはない。すでに多様な働きかけはなされていた。まずそれらの点から見ていこう。

2　バロック的な都市改造から啓蒙のアーバニズムへ

バロック的な都市改造

一七世紀から一八世紀にかけて、ヴィクトワール広場やルイ一五世広場のように、国王の威信を象徴するような広場や、新たな建築物をパリに配置する、という働きかけがなされたことについては、すでに第五章の3節で述べた。パリの中心部はまだ、中世このかた集積してきた建物で埋まっていたので、働きかけは容易ではなかったから、その展開は、主として当時のまだ狭い市域の周辺部でなされることになった。例えば、市内から北へ抜けていく古道であるサン・マルタン通りとサン・ドニ通りが市外に出る位置に配置された、二つの凱旋門。大王ルイ一四世を讃える二つの凱旋門は、それほど離れていない距離で、これらの二つの道と当時の外周大通りがクロスする地点の押さえになる。北の市外から入ってくれば、いかにも「パリは王権のもとにある」ということを象徴するかのようであり、市内から見れば視線の先に、国王支配を誇示するようにモニュメンタルに聳え立つ。アンヴァリッド（廃兵院）の建物にしても、同様である。こうした展開は、次のルイ一五世の治世でも、パリの外周部を中心に展開し、王権の威信を強調する「バロック的な都市改造」とでも名づけうるよ

19世紀初頭のシャン・ゼリゼ大通り　コンコルド広場の側から，おそらく工事が開始された凱旋門を見通している．
出典：*Les Premières fois* 前掲書より，当時の銅版画．

うなものであった。フランスの場合には建造物自体は、この時代にも基本的に古典様式が継続するのでバロック的ではない。両者を混同してはいけない。

パリの外周部の開発は、シャン・ゼリゼ一帯でも進められた。ルイ一四世時代に始まった整備は、一七二四年までには、現在のロン・ポワンから凱旋門の立つ位置まで大通りが走っている線に沿うように遊歩道として幅広く整えられ、一八世紀後半にはさらに西へとのびて、蛇行して北上してくるセーヌ川のあたりまで通された。セーヌを挟んで、現在のデファンス地区のすぐ手前である。開発の目的がどこにあったのか定かではないが、ゆるい傾斜のある緑のシャン・ゼリゼを、ヌイイ側から東へ、つまりパリ市内へ向かって下ってくると、その先には、やがて一七五〇年代からは、建設が進められたルイ一五世広場、現在のコンコルド広場が見通せる位置関係になる。この関係は、シャン・ゼリゼの側から見れば、バロック的とも言える王権の都市パリを強調する設定であるが、他方、パリの側から見れば、外へと開かれていく閉じない空間という点で、「啓蒙のアーバニズム」を先取りするような見方も可能なものである。

いずれにしても、この西側地区は、すぐ北のフォブール・サン・トノレ地区同様に、ヴェルサイユへの道筋に近いこととも関係して、貴族など支配階層の館邸が立ち並んでいく。現在の大統領官邸であるエリゼ宮も、元はといえば、一八世紀前半に建てられたそのような屋敷の一つであった。

ここでフォブールという言葉について、少し説明しておこう。「ブール」とは町のこと、「フォ」は偽、まがい物、という意味。これが引っ付くとフォブールで、要するに建物も住民も多く町という様相だが、しかし市内ではないすぐ外側の地区、これがフォブールである。隣接市外地区とでもいう意味なのだが、やがて城壁が取り払われたりして事実上は市内と変わらなくなり、市内に包摂された後も、伝統的な名称が残ることが生じた。パリの場合、特に有名なのが、前記した西側の高級住宅地、現在ではファッション系のブティックが並んでいることで知られるフォブール・サン・トノレであり、逆の東側には、バスチーユ要塞のさらに外側にフォブール・サン・タントワーヌが、職人の多く住む、典型的な民衆街区として存在した。

啓蒙のアーバニズムと瘴気論

一八世紀のパリ周辺部で進められたもう一つの大掛かりな再開発は、左岸の丘の上、サント・ジュヌヴィエーヴ教会の改築と、それに合わせた周辺地区の再開発であった。この教会の立つ丘は、第一章で述べたようなパリの起源伝承にまつわるだけに、どういう建築にするか、議論は入り組んだ。結局最終的に、建築家スフロの設計で、ローマのパンテオンのようなドームと神殿のようなファサードを持つ設計に決定したのだが、手間取って完成した時期には革命が始まっていたことにはすでに第五章で言及した。教会ではなく、国家の偉人の墓所とされたこのパンテオンの周辺は、そのファサードへ向かって登るまっすぐの道が西側に開かれ、その一帯が再開発対象とされた。坂を降りたところには、リュクサンブール庭園が位置している。坂の下から見上げれば、じつにモニュメンタルな象徴的建築を外周近くに置くバロック的要素と、合わせて周辺地区を、この場合で言えば大学等の学識世界に対応させて機能的に再開発するという、新たな発想の都市開発の考え方との、両者が併存するものとなった。

じつは一八世紀を進むと、同じく空間を開いていく開発でありながら、権力や権威を強調するバロック的な仕掛けとは違い、それを空気や水の流れを確保するためという、別の理由と結びつける発想も出てくる。この当時は、病気がはやるのは「ミアズマ（フランス語ではミアスム）」すなわち「悪い空気」がよどんで溜《た》まっているからだ、という「瘴気論《しょうきろん》」が有力視されていた。したがって、空気を流すこと、水の場合も溜まった水が瘴気を発さないように、サーキュレイション（フランス語のシルキュラシオン）が、健康と環境とをよくするための合言葉となってくる。この考え方は一九世紀前半を通じて変わらず、世紀半ばの大改造においても、重要な推進概念の一つとなる。

まだ一八世紀末には、いや一九世紀前半にも、こうした改造はパリ中心部においては十分な実現はできない。しかし、歴史的中心地区にあった支配階層の邸宅や修道院のうち、あまり使用されていない土地を処分して機能的に再開発する、という方式も取られはじめていたことには、すでに触れた。こうして、セーヌ左岸の岸沿いには新たな造幣局が立派な姿を現し、またリュクサンブール宮殿の近く、コンデ公の邸宅跡には、劇団コメディー・フランセーズの新たな拠点がオデオン座として、現存するような古典様式のファサードで新築された。右岸の中央市場近く、建てこんでいた一画でも、ソワッソン館の跡地が、再開発後に円形の小麦取引所として新築される（のちに商業取引所に改築）。ここはつい最近、安藤忠雄《あんどうただお》設計で、この既存建築を美術館に改修する工事が進められた。

3　革命期からナポレオン体制下の都市空間

革命の都から帝都へ

前節のような展開が、一八世紀にはパリの都市空間に新たな要素を与えはじめていたのであったが、予期せぬ革命が起こった。一〇年間の革命期には、何より政治体制が激動し、諸外国との戦争に加えて内戦まで生じていたので、パリの都市改造が進行することは難しかった。しかし、「芸術家たちのプラン」として知られる道路開設や地区開発の計画図が残されている。旧体制下の一七七五年から、自費で三角測量を本格的に進め、正確なパリ全図を作成しつつあったヴェルニケの測量地図は、革命下にやっと完成して、このプランの基盤となった。このヴェルニケ図は、新たな科学的正確さに基づいて都市空間を把握した上で、改善の道を探ろうとする、新しい精神を代表する事業であったと言えるだろう。このプランの提起のうち、パリの中心部に東西に抜ける軸線の道路を引くという計画、現在のリヴォリ通りであるが、この計画が実現に向けて準備された。その一部はナポレオン体制下に実現して、事業は一九世紀に引き継がれる。

権力の座についたナポレオンは、一方で機能的な整備につながる啓蒙のアーバニズムを引き継ぐと同時に、他方では、自らの権勢を示すためにも、パリを世界の中心となるべき帝都として輝かす、という野心を隠さなかった。両方の狙いが結びついた事業として、例えばセーヌの護岸事業の継続や、新たな四本の橋の新築、すなわちイエナ橋、サン・ルイ橋、芸術橋（ポン・デ・ザール、建設当時はキャトル・ナシオン橋）、オステルリッツ橋の架橋による、両岸の交通の改善がある。

また、都市の基本条件として、旧体制下から課題であり続けていた上水道問題の解決を目指し、ウルク運河の開削が進められた。一八〇八年には当時の北の郊外ラ・ヴィレットまで、マルヌ川の支流であるウルク川の水が運河によって導入され、パリ市内一五ヵ所に新設されたモニュメンタルな給水所へと送られた。

都市にとっての墓地問題は大きい。旧来のイノサン墓地は右岸の中心部、市場に隣接することが衛生上不具合とみなされる時代となっていた。革命直前の一七八六年から、墓地の遺骨は順次掘り起こされ、南の郊外の石切場跡を利用した地下墓地へと、移設されはじめていた。これが現在では市内の「観光名所」となった、ダンフェール・ロシュロー脇に入口がある地下墓地「カタコンブ」である。この遺骨移設事業が継続され、加えて新たに当時の東の市外すぐに、大きなペール・ラシェーズの墓地が設置される。北西市外に開設されていたモンマルトル墓地は整備のため一時閉鎖され、やがて復古王政下には南の市外にモンパルナス墓地が新設される。これらの墓地は、一九世紀半ばの大改造で拡大される市域内に包摂され、市内の公園墓地として現在に至るのである。

同じく革命以前から始まっていた食料市場の整備も、帝政下には着手されていた。革命期にジャコバン・クラブの拠点があった旧ジャコバン修道院跡には、一八〇八年からサン・トノレ市場の建設が始まり、一年後には右岸北東部の民衆街区にタンプル市場が開かれる。左岸では、改築されて現存するサン・ジェルマン市場や、古来の集住地区にモーベール市場が開設され、さらに東には、現在ではアラブ世界研究所が立っている一画に、セーヌ岸から荷揚げされたワイン樽《だる》を置く市場も開設された。

ナポレオンは、カルーゼルの凱旋門建設や、のちに彼自身の死後完成するシャン・ゼリゼ先のエトワール凱旋門など、自らの威信を強く訴えようとする姿勢を示したが、同時に、すでに見たように、ルーヴル美術館に世界の芸術品を集約して保存公開するのが人類への使命だとするような、いささか誇大妄想的な野心をあからさまにする人でもあった。

セーヌ県知事時代の開始

ナポレオンが皇帝になる前、第一統領となった直後から、革命で始まった各県には、任命制で県知事が置かれる中央集権体制が採用された。パリも、中世以来保持されてきた独自の市政権限は剝奪《はくだつ》され、セーヌ県として県知事の統括下に置かれることになった。新たな、そして強い権限を持った行政体制の始まりである。

ナポレオンによって、初代県知事として選ばれたニコラ・フロショ（在職一八〇〇～一二）は、三部会議員から革命期には、いわゆる穏健派として実務でも苦労した人物で、ナポレオンによって県知事に任命されたのち一八〇八年には、ナポレオンが始めた新貴族制度の伯爵として爵位を授与された。先に要点を述べたナポレオン期のパリ政策の実行を、県知事として着実に進めたことが、評価されたのであろう。なぜ交代となったかは、陰謀事件への関与を疑われた等の推論はあるが、決定的な資料はないようである。

次に二代目セーヌ県知事として抜擢《ばってき》任命されたのは、ジルベール・シャブロルである（在職一八一二～一五、若干の間をおいて一八一五～三〇に四代目として再任）。この人物が活躍するのは復古王政期で、次節にそれを取り上げよう。シャブロルについては、同時代にあっての人物評価は毀誉褒貶《きよほうへん》、けなす人たちも少なくなかったようである。確かに、ナポレオンには付き従い、帝国体制が傾く状況が明確になると手のひらを返したように退任し、ルイ一八世が王位に復古して帰国すると、すぐに県知事の経験を掲げてすり寄った。それが衆目のもとになされたので、「風見鶏《かざみどり》（フランス語でジルエット）」野郎を代表する一人とされたのである。このあたりの批判派のカリカチュア的諷刺を交えた辛辣《しんらつ》さは、フランスでは過去でも現在でもたいへん激しい。しかしシャブロルが復古王政下の県知事在任中に果たした役割は、少なくはなかった。

4　復古王政と七月王政期の都市整備

県知事シャブロルによる整備事業

ナポレオンが失脚し、最終的に大西洋上の孤島セント・ヘレナに配流《はいる》されたあと、一八一五年から、革命下に処刑されたルイ一六世の弟ルイ一八世、ついでその弟シャルル一〇世が王位につく。ルイ一八世は比較的イギリス流の立憲王政を理解していたとも言われるが、シャルル一〇世の姿勢は、時代を顧みず徹底した絶対王政復古主義、それもそのはず彼は、革命期にはアルトワ伯として反革命勢力を率いて外国軍と手を組むだけでなく、国内の反革命を煽動《せんどう》することも画策した人物である。したがって国政レベルで言えば、一八三〇年七月、頑迷な国王とその政府の動きに怒ったパリ市民・民衆が、再び武器を取って革命的蜂起に立ち上がり、この復古王政を打倒する動きにつながった。

この復古王政期を一貫してセーヌ県知事として、国王の信任を受けてパリの整備に邁進したのが、シャブロルである。とりわけルイ一八世からの信任はあつかった。前節で触れたように、彼の政治姿勢については「風見鶏」というような嫌味も言われたが、しかし理工科学校という、将校やエリート実務官僚を養成する学校を卒業したシャブロルが、パリの美化と都市生活上の機能化を進めようと熱心に動いたことは確かである。彼の県知事一五年ほどは、パリは経済的には発展期にあり、と言うより、戦いに明け暮れた革命と帝政の時期から平時へと立ち直る、回復成長過程にあって、国内外から多くの人たちがまだ市域の狭かったパリ市内や周辺へと、チャンスを求めて集まってくる動きが加速した時期であった。建物の改築や新築の動きもあり、建築ブームや都市整備が、その工事のために大工や石工をはじめとした職人を多くパリに引きつけた。上層市民や貴族などの支配階層もまた、パリに落ち着いて社会経済的な活動を活性化させていた。パリについては、新たな発展を予感させるような一種の経済復興ブームが見られた。

シャブロルは、こうした状況を捉えて、決定権に関わっていた支配階層の人びととの関心と共感をうまく取り付けることに、巧みであったと言われる。帝政期から引き継いだ必要な事業展開を進める一方、次の七月王政期以降へと着実に引き継がれていくような整備の動きをも実現させていった。

第一に、帝政期から着手されてまだ完了していなかった事業、例えば市内各所への食品市場の設置、これを推進して機能を開始させた。また、牛や豚などの屠殺食肉市場の整備も進められて、事業が開始される。セーヌ岸からすぐのワイン市場についても、その整備がより本格的に進められた。ウルク運河の水をパリ市内に導入する帝政期以来の事業継続もまた、推進された。ほぼ完成した一八二五年には、パリ市内に供給される水量は二倍にまで増量した。市民に供給するための給水所も、立派なものが新たに六カ所設置されて機能しだす。

他方また、新たな事業にも着手した。ウルク運河の水の導入と関連して、パリ市内とその（当時の）周辺に、新たな運河網が、水位調節用の閘門《こうもん》を備えて整備される。六七三〇メートルで一二の閘門を備えているサン・ドニ運河、市内で三二〇〇メートルの長さにわたり九の閘門を備えたサン・マルタン運河、そして北の郊外サン・トゥアンにも船着場が設置され、これらが、ラ・ヴィレット運河や、セーヌ右岸のアルスナル（サン・ルイ島の北東に位置したセーヌ右岸の工廠《こうしょう》兼船着場）と連結させられたのである。船運は、依然として重要な輸送交通手段であった。これらの事業などは、理工科学校を出たシャブロルの面目躍如《やくじょ》、といったところかもしれない。

同様な土木事業ではまた、前代に続いていくつかの橋がセーヌに架けられるのだが、特に一八二七年にグルネル橋が架橋されるにあたって、基礎を支える新たな人工的な島であるシーニュ島が一八二五年に造成された。のちに、フランス市民運動でニューヨークに寄贈された「自由の女神」の小型レプリカが、一八八九年のパリ万博に際して、島の突端に建てられることになる。現在では、セーヌ川の観光遊覧船が、この自由の像の先で島を回って方向転換している。

地区開発と都市生活

街路編成と区画分譲による地区開発もかなりの規模で進められ、それらの成果は、一八三四年に最初のパリ市内区分地図として多様な情報付きで刊行された、ミシェル・ペロー作成地図『四八街区プチ・アトラス』にも反映されている。ちなみにこのペローの地図は、当時四八あったカルチエ（行政上の一二区の内部に各四街区で計四八）ごとに施設や設備などの情報、辻馬車《つじばしゃ》の乗り場や主要カフェの位置など、社会の様相や生活を窺わせる要素が記し込まれていて、同時代の人びとに、変わりゆく都市パリの利用のために使ってもらう狙いだったと思われるが、それが現在では、かつてのパリを窺い知るための絶好の情報源となる。

復古王政期の地区開発は、主として当時の市内北部や西部で展開された。ノートルダム・ド・ロレット教会の位置するサン・ジョルジュ地区界隈《かいわい》（現在の九区の中心部）、ヨーロッパ広場の界隈（現在のサン・ラザール駅の北西部）、そして当時の市域の北西すぐ外で展開したバティニョル一帯の開発分譲などである。こうした土地の開発・再開発と建築工事は、さらに多くの労働者・職人たちを、パリとその周辺に呼び寄せることにつながる、新たな経済開発政策であった。

のちに二〇世紀の思想家ヴァルター・ベンヤミンが、近代都市の新たな性格を象徴的に示すものとして注目した、ガラス屋根付きのアーケイド街、パサージュ・クヴェールがつぎつぎに造られていったのも、復古王政期である。人びとは、半ば屋外で、半ば室内のような、さほど幅も広くない通路に沿って、さまざまな店が内外からの新たな品々を並べ、あるいはその一角にカフェを開く道筋のなかで、行き交う人々自身もその風景に溶け込むような装置を楽しむようにそぞろ歩いた。社会に一定の落ち着きが復活するなかで、商業の展開が新たなステップを歩みだしていたということで、こうしたパサージュとは別に、新商品を取り揃えた、のちのデパートの前身にあたる店も開業しはじめる。

パサージュ・クヴェールの例
1823年にパレ・ロワイヤルの北側地区に設置されたギャルリ・ヴィヴィエンヌ.
出典：著者撮影（1994年）.

これですべてがうまくいったかと言えば、残念ながらそうではなかった。市内での貧富の格差は大きく、新たに入ってくる人びとも、多くは職を求めてくる民衆階層の人であったが、彼らは家具付きの安宿に投宿するか、薄暗い路地裏で暮らすことになった。昔からのパリ中心部のうち、特に右岸の中心から北や東の込み入った街区や、左岸の川沿いなどのやはり細い路地が込み入った一画、そしてシテ島の内部ですら、貧しい民衆が細々と暮らす地帯を内包していた。かつてルソーが指摘した、細い路地が込み入る地域にスラムが張り付いているような状態を改善することには、まだ程遠かったのである。やがて一八三二年に人びとを恐怖に陥れたコレラ流行の、その環境的な条件にもなってしまう。

もう一点、県知事シャブロルの時代に進められた市民生活にとって重要なことは、道路沿いの歩道の確保である。歩道の始まりは、アンリ四世時代のポン・ヌフ（新橋）につけられた両側の歩道、ということになっている。その後も若干は進んでいたが、一八二九年までに総延長二万キロメートルに及ぶ歩道が整備されたことは、都市生活にとっては大きい。現在のパリでは、かなり細い道路でも、車道の両脇に歩道がつけられている。狭い通りの場合には、さらに狭いこの歩道が歩きやすいわけではないが、まだ自動車などが出てくる前のパリでは、馬と馬車とが、歩く人にとっては要注意であった。通行区分をしっかりつけてくれる歩道は、やはり優れた都市装置と言うべきである。

馬車といえば、乗合馬車オムニビュスの路線運行が始まったのも復古王政下である。これは県知事の管轄ではなく、交通を管理するパリ警視総監の統括下にあり、セーヌ県知事とは、権限上では微妙な関係にあった。乗合馬車は、やがて七月王政下の一八四〇年には総合乗合馬車会社が発足し、これは言うなれば現在のパリ首都圏の鉄道とバスを営業管理しているRATP（パリ市交通公団）の前身にあたるものと言えるだろう。

七月王政下、ランビュトー県知事時代の改良と限界

復古王政は、そのあまりの時代錯誤の政策がパリ市民・民衆の実力行使による打倒対象となった。しかし新たに一八三〇年に成立したのは、少し選挙権が拡大した立憲王政とはいえ、やはり一部の上層ブルジョワ階層が主導権を握る七月王政となる。一八三七年八月にはパリで最初の鉄道の運行が開始されるなど、フランスでの工業化に進む動きが徐々に見えだすこの政治体制のもとにあって、二人のごく短い任期で終わった県知事のあと、一八三三年から四八年二月革命による、またしてもの体制転覆に至る約一五年間、七月王政期のパリをセーヌ県知事として担当したのが、ランビュトー伯爵である。

ランビュトーの事業については、その後の第二帝政下の県知事オスマンの事業スケールがあまりに大きいがゆえに、ともすると過小評価されてきたきらいがあった。しかし、たとえ限定的な動きしかまだ可能でなかったとはいえ、ランビュトーは、次につながる方向での、

パリ美化の都市計画を動かしはじめていた。その要点を、ここでは見ておくことにしよう。

革命以前に伯爵家に生まれたランビュトーは、ナポレオン帝政期に外交使節に任じられたり、地方の県知事を務めたりした関係で、復古王政になると疎まれ、役職からは排除されていた。しかし体制が変わって、再び前面に登場する機会を得た。ランビュトー県知事の時代には、一八二〇年代ほどの大規模な地区開発事業は行われていない。したがって、バルザックが描いた一九世紀前半のパリ、あるいはウジェーヌ・スューが新聞連載で描いてパリ市民の好奇心をそそった『パリの秘密』などの作品は、まさにランビュトー時代までのパリがモデル舞台であった。依然として、「貧民窟《ひんみんくつ》」などと言われた一画が中心部の歴史街区にもあり、また、であればこそ、それへの対応としての美化への志向が、明確に政策化されはじめたのである。

それはランビュトーにとっては、着任直前の一八三二年に、パリに二万人の死者をもたらしたコレラの流行という大問題への対応、という側面を持つものであった。一九世紀末までコレラ菌は発見されておらず、まだ、悪い空気や水が淀《よど》んで害を及ぼすという、ミアズマ説が有力な時代であったが、都市衛生が大きな問題意識に浮上していたことは間違いなかった。この点では、パリも同時代のロンドンと変わるところはなかった。

ランビュトーは、退任後に執筆した回想において、自分の事業の目的は「パリの住民に水と、空気と、木陰《こかげ》を与えること」だったと記述している。「パリをよくすると同時に、楽しみを与えるために、モニュメントを修復し、街路を新しく通し、街路樹を植え、公園、ダンスホール、祭り、あらゆる新しい試み」を配備しようとしたのだ、と。実際、彼の県知事時代には、凱旋門やマドレーヌ教会が完成し、また、バスチーユ広場には、七月革命を讃える記念塔が建造された（現存のもの）。セーヌには新しい橋が六本架けられ、川岸の整備も進められた。サン・ルイ島の少し上流にあって材木置き場などに使われていたルーヴォワ島は、川岸との間の流れを埋め立てられ、右岸に組み込まれて緑地や、新たな建築を可能にした。

鉄道敷設と市内との関係を踏まえ、西駅（現在のサン・ラザール駅）とパリ市内とを結ぶ道路の開設事業にも着手させた。フランスでは一般に、（市内交通であるメトロは別にして）大都市内部を鉄道が貫通するスタイルはほとんどなく、市街地のすぐ外部を抜けるか、ターミナル方式で行き止まりとなって折り返す、という方式がとられる。鉄道には、町の基本構造にまでは干渉させない、というかのごとくである。西駅周辺整備の着手は、第二帝政下の整備を先取りするかのようであった。先取りという点では、街路樹もそうであり、さらに市内には、公共用水道栓が道路の要所や広場などに増設されていく。一八三〇年には、市内で一四六カ所にあった公共用水道栓は、四八年には一八三七に増加していたという。各建物に配水するシステムは、第二帝政下にベルグランという上下水道設備の専門家によって実現されるまでは、個別の井戸以外には、整えられなかったのである。

そして、何より大改造を先取りするかの事業も、規模は違うが、同一の発想においてなされた。それは、中央市場レアル地区から東に向けて、ほとんどスラム化していたような一画を含めて雑然とした古くからの街区を、スクラップして道路を貫き通し、人や物、空気の動きをよくする、すなわちサーキュレイションを実現していくという環境整備である。まだ彼の時代には、自身の名がつくことになるランビュトー通りを貫通させたにすぎなかったが、この通りは、まさに雑然としていた中央市場のすぐ北、サン・トゥスタッシュ教会前の広場から、まっすぐ東に向けて開かれ、現在のポンピドゥセンターの北を抜け、古くからの歴史的街区であるマレ地区へと連結させられた。さらに進めば、現在のヴォージュ広場、かつての国王広場へとつながっていく。すでにある建物を排除して、街路構造の立て直しを基本におく、スクラップ・アンド・ビルド方式は、まさに大改造では中核的な方式となる。こうして県知事ランビュトーの時代は、まだ部分的で規模も小さかったとはいえ、じきに大々的に進められるパリ大改造の基本的性格を、先取りする要素を内包していた。それは、まさに都市パリが直面していた問題が、共通していたからである。

また右岸で、歴史的街区の外周部を半円形に通り抜ける形になっていたグラン・ブルヴァールのカフェや劇場や各種店舗がかもしだす賑わいは、革命以前から始まり復古王政期には

タンプル大通りのゲテ座周辺の賑わい（1846年『イリュストラシオン』紙の付録図版の一部）
出典：Pierre Gascar, *Le Boulevard du Crime*, Hachette/Massin, 1980より.

ゲテ座で悲劇に熱中する観客
（ドーミエのデッサン）
出典：同上.

拡大していたものが、一層賑やかに展開していった。その風俗のさまを面白おかしく描くカリカチュア画家たちも活躍する。ドーミエ、グランヴィル、フィリポンといった名で知られるこの時期のカリカチュリストたちは、通常の画家としての実力も大変なものであった。二〇世紀初頭から、過ぎ去った一九世紀を年譜の形式で、同時代資料をもとに回顧したシャルル・シモンは、「パリのエスプリ」形成にとって七月王政期に大きな位置を与えている。それは陽気さとメランコリー、痛烈なカリカチュアや哄笑と超真面目な議論との併立、各種新聞の勃興に示される言論文化の研磨、自由な各種サロンの復活、などの事象に象徴されるとみなしているようだ。前述のバルザックは文学の高いレベルで、それを作品にした人とも言えようか。大衆はシャンソン喫茶などで、皮肉を込めた現状批判を歌に託した。

グラン・ブルヴァールでも西寄りの一帯は、証券取引所や銀行なども立地する金融センターのような性格を持つようになっていたが、例えば一八三一年三月に旧オペラ座で開催された天才的バイオリニスト、パガニーニのパリでの初演奏会では、当時の最先端モードを身につけた上流階層のカップルが、賑やかに夜の街を輝かせた。こうした都市の情景と、「プチ・メチエ」と言われた雑業で日銭を稼ぐ人びとはもちろん、民衆階層の人びととの生活状況との格差は、極めて大きかった。民衆階層を含めて広く市民が消費者として位置づけられていくのは、経済構造が変わりだす一九世紀末からのことである。

第九章　ナポレオン三世と県知事オスマンによる大改造

1　ルイ・ナポレオン・ボナパルトの政治的浮上と第二帝政の開始

ルイ・ナポレオン・ボナパルトの登場

七月王政政府が政治的発言や集会を規制するなど、抑圧的な姿勢を強めたのに対して、一八四八年二月にパリ市民・民衆がまた武装蜂起して、今回は共和政を宣言したことは、「二月革命」としてフランス国内だけでなく、ヨーロッパ各地にも大きな反響を呼び招いた。

しかし、なかなか一筋縄では歴史は動かない。この第二共和政は、国立作業場の開設など、労働大衆の生活を保障するための政策を実施し、当初は、社会改良の方向も模索した。しかし、体制変換した後の国会議員選挙を、フランス史上初の男性普通選挙制で実施してみたら、特に地方において伝統的な支配階層を占めていた勢力が圧倒的に勝利してしまった。政治体制は共和政だが、政府や議会の中心部は旧来の保守勢力が大きな力を持つこととなり、安定的な市場経済の発展を望む社会的な中上流階層と、社会生活の保障を求める労働大衆との亀裂が、またしても露見してしまうことになった。こうした間隙《かんげき》を縫うようにして政治の表舞台に登場したのが、それまで政界とは無縁であったルイ・ナポレオン・ボナパルトである。

彼は、あの皇帝ナポレオンの甥《おい》、すなわち弟の息子としてチュイルリー宮殿で生まれた人だが、帝政が崩壊してのちは亡命生活を送り、時にフランスに入って政府転覆の計画などを進めようとして失敗し、また亡命するなど、個人的には波瀾万丈《はらんばんじょう》の人生を送ってきた。依然として「ナポレオン神話」が特に農村部には存続していたなかでは、ボナパルト派（皇帝ナポレオンの系譜をもう一度担ぎ上げたい政治勢力）の影響力を抑えておきたい七月王政からは、彼はほとんど無視され、政治的局面に浮上することもなかった。したがって、第二共和政となって大統領選挙が実施されて彼が当選すると、誰からも驚きをもって受け止められたのであった。

しかしルイ・ナポレオンは、亡命生活を送るなかで、とくにロンドンでの社会状況等の直接的見聞から、産業発展の必要と民衆階層の生活改善との双方が重要なことをつかむと同時に、他方では都市整備の必要性を強く感じて、フランスでの政治権力奪取をあきらめてはいなかった。農村部などでのナポレオン神話というのは、皇帝ナポレオンが、革命期に土地を獲得した中小農民の所有地を保全してくれたことに感謝する思いが持続していたからだ、とも言われるが、おそらくはこうした状況を見逃さなかったルイ・ナポレオンの周りでは、やがて第二帝政下で内務大臣となる公爵ペルシニのような腹心の部下、というより、一八三〇年代初めから蜂起計画などで行動を共にした同世代の仲間が、支えとして存在し、彼らは、サン・シモン主義による社会改造構想を考えるなどの準備を進めていた。ルイ・ナポレオンは大統領になると、憲法改正などを強引に進め、クーデタを起こして自ら皇帝ナポレオン三世を名乗り、一八五二年から帝政の開始を告げることになる。

こうした強権的な政治行動に反撥した人のなかには、実力闘争で抵抗し犠牲になった人や、亡命を選ぶ人、政治から身を引く人などがいて、なかでも、すでに言及したヴィクトル・ユゴーの帝政批判と亡命は有名である。

パリ改造に意欲を燃やすナポレオン三世

ルイ・ナポレオンは亡命中のロンドンなどでの見聞から、これからの首都には、ロンドンのハイドパークのような緑豊かな大きな公園や、各地区内にもスクウェアと言われる小緑地を随所に配して市民がゆっくり過ごせる場を確保すること、他方で、これからは鉄道が重要になるので、駅と市内との良好なリンクと、市場や商店、娯楽文化施設を適切に配置する必要、そして市内に南北の軸線、東西の軸線となるような大通りを配置し、それと連動させてスラムと言われるような地域をクリアして治安を確保する、といったポイントについて、すでにかなり具体的なイメージを持っていたとみなされている。

ルイ・ナポレオンは大統領時代から、執務室にパリの大地図を掲げ、そこに色付けされた線を自ら引いて、パリの近代的改造に向かうべきプランを考えはじめていた。このことは、セーヌ県庁の秘書課長であったシャルル・メリュオという人物が、自らの回想記『パリ市庁舎の思い出　一八四八～一八五二年』というとても興味深い記録に、書き残してくれている。じつは、一八五三年六月にセーヌ県知事に任命されたオスマンが、最初に皇帝に謁見《えっけん》した機会に体験した印象深い記憶として、自らの退任後に書いた『回想録』にも、こう記述されている。「皇帝陛下《へいか》は急いで私に、一枚のパリの地図をお見せになったが、その地図上には、陛下自身が実行させようとお考えの新設道路がいくつも、その緊急度にしたがって青、赤、黄、そして緑に、陛下自身によって塗り分けられているのが見てとれた」と。この地図が、メリュオが記している、すでに第二共和政の大統領時代からルイ・ナポレオンが参照していた大地図であろう。

ルイ・ナポレオンの人物像については、毀誉褒貶が激しい。かつては、時代錯誤の帝政復活と強権的な統治を行って、ドイツと戦争した挙句に負けてしまった愚かな人物、といった酷評のみが先立っていた。しかし二〇世紀末近くから、サン・シモン主義者のブレインを起用した政策的工業化、フランス経済社会の近代化に基づく殖産興業・富国強兵の近代政治路線を確実に回転させはじめた統治、という判定が共有されるようになった。その価値について賛否両論の評価は当然ありえるが、当時のパリが抱えていた現実の諸問題への彼の認識は、かなり正確だったと思われる。皇帝ナポレオン三世として、強い行政権力の発揮を可能にしたこの男は、大都市としての問題状況を踏まえた上で、パリを何としても近代化してヨーロッパを代表する世界の首都とするのだ、という先代皇帝ナポレオンと同様の野心を強く持っていた。決して、二番煎じの茶番ではなかったのである。

セーヌ県知事オスマンの登場

ルイ・ナポレオンが大統領となったのち帝政を始めた初期まで、ランビュトーの後任としてセーヌ県知事の職にあったベルジェは、この膨大な事業が必要とする経費や手続きの困難を考えてであろう、と想像されるが、計画の提案にまともには反応しなかった。業を煮やしたナポレオン三世は、ベルジェを解任し、新たなセーヌ県知事を任命する。それが、ボルド

皇帝ナポレオン３世・皇妃とオスマン
（部分）　ナポレオン３世にパリ市拡大の政令を手渡すオスマン．皇帝の横に皇妃ウージェニー．アドルフ・イヴォンの油彩画による．
出典：Jean des Cars et Pierre Pinon, *Paris-Haussmann, Le Pari d'Haussmann*, Picard, 1991.

ーを県庁所在地とするジロンド県の県知事であったオスマンである。彼を推薦《すいせん》したのは、内務大臣におさまっていたペルシニで、そのペルシニものちに『回想録』を残しているが、そのなかで彼はオスマンについて、抜け目のない繊細な配慮ができると同時に、強靭《きょうじん》な体力を持った大男で、性格はエネルギッシュ、「当代稀《まれ》に見る破格なタイプ」の実務家だ、という人物評を残している。

こうして第二帝政に入って間もなくセーヌ県知事となり、パリ大改造の陣頭指揮にあたることになったジョルジュ・ウジェーヌ・オスマン（在任一八五三～七〇）は、現在にまで続くパリの都市としての骨格とその姿の基本を与えることになった、といって過言ではない。現在に至るまで、その改造がオスマニザシオン（オスマン化）と言われる所以である。都市改造が個人名で呼ばれるようになるのは、きわめて珍しい。指揮をとったほぼ一六年の間に、約八万の労働者を動員して四万件の建物をたて、新たに開いた通りが総延長六四キロメートル、上水道と下水道、それを中心とした道路地下の共同溝に至っては総延長五八五キロメートル、約五〇万本の樹木を植え、さらにはストリートファニチュアと言われる実用兼装飾の装置も、随所に設置するように動いた。今でもパリの大通りなどで、交差点に噴水が設置されていたり大きめの花壇が季節ごとの花を咲かせていたりする光景が、目にできる。こうした設営が本格的に開始された。それらの工事のためには、前提として、正確な市内地図を測量作成することが必要不可欠であった。この大改造に伴って行政区分地図も正確に作成され、このの ちセーヌ県やパリ市によって改定作成され続けて今日に至る。

大改造と言われるように、それは単なる美化にとどまらないものだったので、ほぼ第二帝政の期間と重なる彼の在任中に、計画の全体が実現できたわけではなかった。もちろん一人ではできない。彼は部下に適切な能力を持った人材を配置して重視し、十分に力が発揮できるように動いてもらうという、適材適所の人材の使い方に優れていたようである。そうでなければ、これだけの大事業を、多くの批判派からの攻撃をかわしながら実質的に進めることは、いくら剛腕でも困難だったであろう。そうした部下の専門家や役人が、一八七〇年のオスマンの県知事退任後、そしてその直後の第二帝政崩壊後、第三共和政のもとでも計画を引き継いで実現していった。

ここでは一例のみ挙げておこう。現在では観光客を最もひきつける一画であるオペラ座大通りが完全開通したのは、一八七七年、すでに第三共和政が定着しだした時期のことである。当初の計画では、改造の推進者であるナポレオン三世を讃えて、皇帝大通りと名づけられる予定であった。改造前の状態は、全体に通りが入り組み傾斜もあった地区である。その傾斜を削り建物をスクラップして区画整理し直し、ルーヴルやパレ・ロワイヤルに接続している中核地区として再開発する。その軸に、幅広い歩道を備えた大きな道路を通して、その通り沿いに左右対称に高さも様式も規定された建物を揃えるという、まったくのイメージチェンジを実現した。同時代にも、賛否両論出てきたのは当然とも言えるが、今にして思えば、まだ自動車発明以前の馬車の時代に、広い通りと広い歩道、きっちり揃った建築線という都市の構えを、いわば改造の意図としてメッセージのように伝える景観である。視線のいちばん先、アイストップの位置にあるオペラ座を際立たせるこの大通りには、ほかの環状大通りや軸線の大通りとは違って、街路樹はあえて植樹されていない。憎らしいくらいよく考えられている。

2　大改造のポイント

都市基盤としての道路構造の転換

都市にとって道路の構造やその様態は、都市で過ごす人びとのその都市へのイメージを大きく左右する要素の一つである。イメージだけではない。利用者の立場の違いはあれ、都市での活動をも大きく左右する。居心地が良いか悪いか、使いやすいか否か。パリの場合には、第二帝政からのオスマン化によって、道路構造は根本から転換させられた。転換後も、中世以来の姿を偲《しの》ばせる街路は、わずかながら残されている。すでに言及した、右岸の市庁舎のすぐ裏手から延びるフランソワ・ミロン通りがその一例である。左岸にも、セーヌに近い一画に古い街路はわずかながら残存している。しかし基本は、旧王政下からの整備を引き受けつつ、根本から変化した。

県知事オスマン指揮下の道路構造の改造は、いくつかの特徴を示している。まず要所に、軸となるような幅の広い大通りを直線的に通し、それと環状の大通りとをリンクさせること。

新たに通されたセバストポル大通り
出典：Jean des Cars 他前掲書所収の19世紀末の写真.

それによって交通の流れをよくすると同時に、空気を淀ませず、よく流すこと。前章で触れたミアズマ（瘴気）論とも関係した二重の目的を持っていた。まだ、西洋医学が本格的に発展しだす直前の時期であった。また、交通の便と物流のよさを確実にし、ひいては経済の循環をよくし、同時に環境を改善する。以前に述べたように、サーキュレイションがキーワードとなる。これはもしかしたら、独特な「流体理論」を唱えて社会改造を説いたサン・シモンの思想とも、関係しているかもしれない。

都市全体の核となるべき南北軸線の大通りが、荒療治で新設された。シテ島を中心として、すぐ北のシャトレ広場（かつて代官所があったパリの臍《へそ》にあたる位置）から、北へとセバストポル大通りをまっすぐ延ばし、それが環状大通り（グラン・ブルヴァール）を越えて名前をストラスブール大通りと変えてさらに北へ、東駅に突き当たるまで、既存の建物をスクラップしながら開設された。東駅のすぐ北西には北駅も位置している。ちなみに駅の東とか北という名前は、パリ市内での位置というよりも、東駅はパリから東の方向への鉄道、北駅はパリから北ないし北西方向への鉄道が発着するターミナル駅という意味である。ノルマンディなどパリから西へ向かう鉄道のターミナル駅、現在のサン・ラザール駅は、すでに言及したようにこの時代には西駅と呼ばれた。

ターミナル駅の正面は、石材と縦長のガラス窓を組み合わせ、彫像なども配した立派なファサードをもつようになっていく。あたかも鉄道駅が、鉄を軸とした殖産興業の時代の大聖堂であるかの様相である。内部は低いプラットホームが何本も並び、屋根は明かり取りのガラスと鉄骨で造られた。東駅・北駅とパリ中心とを結ぶ南北軸の新設では、鉄道の重視が明確に打ち出されている。と同時に、ガラスと鉄骨の組み合わせも時代を象徴するように、市内各所の市場建築などでも活用された。建て直された中央市場もまた同様であった。はじめ石造建築を採用した有名な建築家バルタールに、鉄とガラスでの建て直しを指示したのは、ナポレオン三世自身の意向を伝えて説得した県知事オスマンであった。

南北軸は、シャトレ広場から南へ両替橋を渡ると、シテ島を直線で南へぬけ、サン・ミシェル橋を渡ると同名の広場を越えて、やはり同名のサン・ミシェル大通りが、ローマ時代の南北軸であったサン・ジャック通りと並行しながら、ほぼまっすぐに南に延びていく。

東西軸は、先代皇帝ナポレオン時代以来工事が続いてきたリヴォリ通りが、東でサン・タントワーヌ通りと接続され、バスチーユ広場を越えればさらに東にフォブール・サン・タントワーヌ通りへと延び、それを進めばトローヌ広場（現在のナシオン広場）へとつながる。

南北東西両軸の幹線道路は、右岸にすでに存在していた北側の環状大通りと接続させられ、南側の左岸でも環状の大通りが通される。さらに一八六〇年から市域が拡大されると、拡大された周囲に沿っても環状大通りが新設される。軸になる幹線道路は、南北・東西の軸になる大通りだけではなく、要所を貫くように設置された。すでに述べたオペラ座大通りもその一例であった。また、大通りの然るべき位置には、モニュメントなどを置く交通用ロータリー広場が設置され、十字路となるだけでなく、しばしば放射状の道路がその広場から四方八方へ延びていく。ちょうど、凱旋門の位置するロータリー広場から、シャン・ゼリゼを含めて大通りが放射状に展開している様子が、その好例である。凱旋門は一八三六年、ランビュトー県知事時代に完成していたが、放射状の大通りが開かれるのはオスマン化によっていた。

スクラップ・アンド・ビルドによる地区再開発

南北軸線道路の開設がそうであったように、道路の新設は既存建物のスクラップと、道路周辺地区の再開発を伴っていた。再開発は現在で言う「地上げ」の要素があり、経済効果も狙いの一つであった。そこからくる利潤で、大工事の経費を埋め合わせることもできるという胸算用である。そんな計算は成り立たない、というのが、改造批判派の論点でもあった。オスマンがまだ第二帝政が継続していた一八七〇年一月、県知事を退任せざるをえなくなったのは、詰まるところ、この経費問題が大きく作用していた。もっとも退任半年後には、ナポレオン三世が愚かにもビスマルクの挑発に乗ってドイツと戦争を始め、あえなく負けて帝政自体が崩壊したので、良い時期に引退したという結果にはなった。オスマンは退任後、芸術アカデミー会員に推挙され、その一員となる。

大改造は、都市の整序化という点では、確かに目をみはる景観が用意され、交通機能も時代の先を読むものであった。しかし、既存の地区の建物に住み、暮らしていた人びとは、当然ながら立ち退きを要請される。それには、すでに公共用地買収に関する法律が定められていたから、可能であったわけだが、転居しなければならない人々にとっては、しばしば困惑をもたらすものであった。特に資産を持っていたわけではない労働大衆や、小規模商店主などにはそうである。

このオスマン化による道路開設事業は、同時にスラムクリアランスという性格をも備えていた。七月王政下に県知事ランビュトーが開始した、道路開設とスラムクリアランスを含む地区再開発の手法が、大々的に展開されたのである。信じがたいことにまだスラム地区が残っていたシテ島は、現在目にできる様相へと、大きく変貌《へんぼう》が開始される。右岸や左岸のセーヌの流れに近い古い歴史的地区や、北や東の「徴税請負人の壁」周辺の民衆街区についてもそうである。

スラムクリアランスは、治安確保への配慮でもあった。七月革命や二月革命に際しての市民・労働大衆の武装蜂起の記憶は、鮮明であっただろう。確かに、大通りによるネットワークは、軍隊の移動を容易にする。これは、フランス政府軍による一八七一年のパリ・コミューン弾圧の際に、実証された。また要所には軍の駐屯所が配置され、特に民衆街区として知られたフォブール・サン・タントワーヌ地区とその周囲一帯には、そうした配慮が透けて見える。ただし、治安維持のための道路改造という捉え方は、観点があまりに狭量すぎるだろう。大改造のスケールは、はるかに多様な目標を見据えたものであった。

道路と建築

われわれは普段は、何の気にもかけずに当たり前に道路を利用している。しかし道のない社会がまずありえないように、道路の新設や保全は、社会生活の維持にとって極めて重要であるのみならず、全体としての国土保全という点でも国策の重要課題である。旧王政下から、道路担当官という役職の設置をはじめ、この点は各時代の為政者によって意識され、多様な規制や管理のもとに置かれていた。一九世紀のパリでは、はじめ内務大臣に与えられていた権限は、一八三五年八月二三日の政令によって、すなわちランビュトーの在任期間から県知事のもとに置かれることになり、一八五二年三月二六日の政令によって、どこに道路を通すかだけでなく、土地を平坦化する権限も県知事に与えられていた。セーヌ県知事となったオスマンは、これらの法令のおかげで、道路構造を変えていく権限を行使できたのである。

パリ市内の建築については、建物相互に隙間《すきま》を空けずに列をなすように建築し、道路幅がどのくらいなら、どれほどの高さの建築が許可されるかなど、一八世紀からかなり細かな規制のもとに置かれていた。オスマン化も基本的にこうした伝統を受け継いでいたと言ってよいが、一八五九年七月の政令では、道路に面した建築に加えて、中庭構造をもった口の字型の奥に位置する建物も、同様の規制対象にされた。おそらく先を見越した追加的規制である。また高さの規定とは別に、通りによっては階高やバルコニーの付け方、その様式や素材まで統一的に指定され、賛否両論を招いた。すでに述べたオペラ座通りの例が代表的な景観である。強権的と言えばその通りで、個性を主張する現代建築家には、鼻つまみであろう。しかし今となると、このオスマン様式と言われる建築線の揃った景観は、全地区にあるわけではないだけに、パリの歴史を連想させる貴重な美的要素の一つであるように思われる。

新設セバストポル大通りの地下共同溝（部分）
出典：Jean des Cars 他前掲書所収の「1858年内務大臣視察」の銅版画より．

上下水道整備と地下共同溝の設置

オスマン化で誰しもが高く評価するのは、道路開設と連動してその地下に、上下水道やガス管等の都市生活に欠かせない配管を実施したことである。下水道の配管は、一八三二年のコレラ流行を受けて危機感を持ったランビュトー県知事時代に進められ、一八五〇年には約一二〇キロメートルにまで延びていた。それをさらに徹底推進したのは、一八五四年にオスマンによって任命されたウジェーヌ・ベルグランという有能な技師であった。彼が作成した上水道の郊外からの導入設計図、市内での配水設計と、さらに下水道の設置計画図は、当然と言えば当然なのだろうが、測量に基づいてじつに克明で、私はそれらを見て率直に感動した。

彼は、幹線の大通りの場合には、人が立って入れる大きさだけでなく、主要溝では中央の下水路をボートで進めるほどの幅で実現した。ユゴーの小説などで、地下道に沿って逃げる場面が描かれるような、そして現在でもその一部が見学できるようになっているトンネル状の大きな地下空間である。既存の街路の場合には、当然ながら掘り起こして配管した。オスマンの県知事任期の最後までには、総延長は五〇〇キロメートルを超え、二〇世紀初めまでには一〇〇〇キロメートルに及び、世紀末一八九九年には、ゴミは何でも下水に流すという方式（フランス語でトゥタレグーと言われる）が採用されるが、オスマン自身は生前、この方式には反対であったという。現在では環境問題から、当然ながらこの方式は廃止されている。

生活の保障である上水道は、汚染されたセーヌの水ではすでに限界であり、ウルク運河からの給水も質量ともに問題とみなされた。ロンドンでの事例調査を含め、方式や可能性が徹底的に検討された。結果として、セーヌやマルヌの川水ではなく、その支流の、それも水源から延々と、直接導水路で引き込むという、それまでには誰もが発想しなかった方式が採用される。こうして、ヴァンヌ川とデュイス川の水源から、それぞれ一八〇キロメートル、一三〇キロメートルにも及ぶ導水路が築かれた。高額な経費への批判や、セーヌの水に固執する意見を突破したのは、頑固とも言える県知事オスマンを支えた実証的調査の徹底性であった、と言えるかもしれない。ただやたらと強権的に動いたわけではなかった。

大小の公園と街路樹、そしてストリートファニチュア

ナポレオン三世が、ロンドンでの亡命生活経験から、都市内への公園やスクウェアの配置

に熱心であったことにはすでに触れた。県知事オスマンにも異論はなかった。パリの西の端には、ブーローニュの森が、それに対応して東にはヴァンセンヌの森が、いずれもかつてから王領地としてあったものを、広大な森林公園として池や遊歩道を整備して配置された。市内でも、市域の拡大後に北東部には、ビュット・ショーモン公園が、元の建築用石灰岩の石切り場を全面的に改造設計して、岩山や池や傾斜をもった人造の自然公園として整備され、逆に市域の南端に近いところには、やはり池と木々の緑が見事なモンスリ公園、市内北西にはモンソー公園が新設される。さらに市内随所に、英語のスクウェアからスクワールと名づけられた小緑地が設けられていった。これに既存のチュイルリーやリュクサンブールの庭園などを加えれば、市内には相当な緑地が公園として配置されたことになる。

さらに緑を追加したのが、大通り沿いに植えられた街路樹であり、彩りを加えたのは花壇の配置であった。鉄柵《てつさく》やベンチなど、ストリートファニチュア（フランス語ではモビリエ・ユルバン）の装置も、厳密な設計図に起こされた上で製作、配備され、豊かなイメージを空間に与えていく。その歴史自体は古いが、本格的な配置が大規模に計画実現されていったのが、このオスマン化であった。ガス燈の照明が印象的であったことは、岩倉使節団の報告にもあったが、その街燈の支柱にも工夫がこらされた。こうした考え方は、二〇世紀に入ってからの「地下鉄（メトロ）」の入口に、アール・ヌーヴォーの形状を持ったしつらえを配置するような展開にもつながっていく。一つ一つは小さなことではあるが、都市イメージは、それによってずいぶん影響されるものである。

こうした公園や緑の配置、一連の都市美化への工夫は、やはり専門技術者たちの貢献がなければ実現は難しい。そのリーダーとしてオスマンに招かれたのが、アドルフ・アルファンという技術者にして、専門家集団を率いたリーダーである。理工科学校と土木学校（いずれも技術エリート学院にあたる）出身のアルファンは、ボルドーの港の管理営繕を監督する地位にあった際に、ジロンド県知事時代のオスマンとすでに知り合い、相互に一目置く関係であった。オスマンはセーヌ県知事としてパリ大改造を推進するにあたり、すでに力量を熟知していたアルファンを、腹心の部下としてパリに招聘した。彼の貢献は大きかった。第二帝政崩壊後、第三共和政のもとでもアルファンは、パリ市の整備担当の最高責任者としてオスマン化を引き継ぎ、残されていた事業をより柔軟に継続完成させていっただけでなく、万博でも活躍することになる。

アール・ヌーヴォーのポルト・ドーフィーヌ駅入口（ギマール設計）
出典：著者撮影（1994年）.

都市文化の活性化と市域の拡大

物質的空間としての都市整備は、帝都としての輝きを発信するいわばコンテンツとしての芸術文化の振興と賑わいを促す。特に右岸のグラン・ブルヴァール沿いには、多くの劇場などの文化施設、カフェやレストランといった社交の空間が、世紀前半からすでに多様に展開しつつあった。グラン・ブルヴァールというのは、これまでの章でも何回か出てきたが、西側のマドレーヌ大通りから、順にキャプシーヌ、イタリアン、モンマルトル、ポワッソニエール、ボンヌ・ヌヴェル、サン・ドニ、サン・マルタンなどと名前を変えながら続いてゆき、タンプル大通りで南東に下りはじめ、最後はパリ東部を南におりてバスチーユ広場に行き着く、かつての城壁の跡地に形成された半円状の大通りである。西から東へ行くほど、民衆街区の性格が強くなるのは、大革命以前の旧体制下からであった。

第二帝政までに、西側の大通りと周辺街区には、株式取引所や各種銀行が位置する一画が成立していて、中上層市民たちの生活や経済活動の地域が広がり、文化施設が活性化を示していたことには、すでに触れた。第三共和政に入ってから竣工《しゅんこう》する新オペラ座（現存のオペラ・ガルニエ）は、オスマン化のなかでコンペが行われ、建設が進みだしたもので、第二帝政様式とも言われるような、きらびやかで折衷《せっちゅう》的なファサードを持っている。また、音楽と演劇とを合体させたオペレッタの上演でも人気のあったオペラ・コミック劇場もまた、同じ街区にあった。オッフェンバック作のオペレッタは、第二帝政期から第三共和政にかけて、たいへんな人気を博した。東側でも、タンプル大通り沿いでは、いわゆるブルヴァール演劇の芝居小屋が立ち並んで活気を呈する。東側の周辺地区は、職人の作業場兼住居や初期の工場が立地するところでもあった。

経済や文化が活性化したパリは、従来の市域では手狭となっていた。オスマン化までパリの市域は、旧体制末期に構築された徴税請負人の壁までであり、一二区四八街区で狭かった。しかもそのすぐ市外には集住地が広がりつつあり、そのまた外側には七月王政の時期に、いささか時代錯誤に首都防衛を想定した土塁《どるい》が築かれていた。旧市内はあまりに狭く、そこで、市域をその土塁の手前まで一挙に拡大したのである。施行は一八六〇年からで、本格的に大改造が進展しはじめる時期と一致している。これが、現在まで続くパリ市の実質的な範囲となり、行政区分は二〇区、各区に四カルチエで合計八〇カルチエに拡大された。前述したように、それでも市内面積はほぼ東京の山手線内と同等だから、コンパクト・シティと言ってよいほどの規模である。外側の土塁は二〇世紀に入って崩され、現在ではペリフェリークと略称される外周高速道路とされて、そこから全国へと高速道路網が延びている。

すでに触れたようにパリの最初の行政区分地図も、正確な測量をもとに、オスマン指揮下に作成された。地図作成の責任者はウジェーヌ・デシャンという美術学校出身の建築家で作図の名手であった。オスマンが一八五三年から一貫して起用し続けた専門技術者の一人である。オスマン化の達成は、これらの優れたエキスパートたちの起用と活躍とによっていた、と言って間違いない。

第一〇章　モードと食と「コンヴィヴィアリテ」

1　モードの先端を発信してきたパリ

旧王政下に始まるモードの発信

現在のファッションの世界では、パリだけでなく、ミラノ、ニューヨーク、ロンドンと合わせ四大都市が、モードの発信地ということになっているらしい。それらの都市で毎年開かれるデザイナーの新作発表が、服飾業界にとっては、そのあとのシーズンのスタイルや色などの流行を決めていく。インターネットの発展が、こうした世界にも変化をもたらしつつあるが、現在までは、パリの位置はやはり大きい。こうした方式がこの世界で定着するには、あとで述べるように、第二帝政下のパリが決定的に大きな位置を占めていた。だがそうした新たな展開は、都市改造の場合と同様、突然生じたものではなく、旧王政末期からの歴史的な前提の上に立っていた。

モードという点で一八世紀末に大きな役割を果たしたと言われているのは、ローズ・ベルタンという女性の実業家にして、現在でいうファッションデザイナーであったが、それにもまた歴史的前提があった。すなわち、ルイ一四世が、ヴェルサイユ宮殿での宮廷政治を展開するなかで、宮廷社会の流儀として一種の服装コードを守るよう、出入りする者すべてに求めた。一六世紀以来、フランスの王侯貴族や上流市民の間でモードと言えるものがあったとすれば、それはルネサンス期のイタリアからの影響を受けたものであった。ルイ一四世は、自らの幼少期から宰相を務めていたイタリア人マザランの死後、親政を開始するなり、いわば自分流の統治スタイルをこの面でも強く押しだした。フランス製レースなどを使用した絢《けん》爛《らん》豪華な服装コードは、一八世紀にかけて、フランスの貴族や上流市民にとっては「身につけるべき服装」となり、ヨーロッパ内の他の王侯貴族の世界でも、一つのモデル的な位置を占めるようになっていった。

一七七四年、即位したばかりのルイ一六世の王妃マリ・アントワネットに紹介された一人の女性デザイナーがいた。彼女こそは、のちにローズ・ベルタンと呼ばれるようになる、二〇世紀には映画でも描かれたマリ・ジャンヌ・ベルタンである。アミアンに近い北フランスの町アブヴィルに生まれた彼女は、デッサン画に優れた才があったようで、一六歳でパリに上り、女性用服装や小間物を扱う商店で働くようになる。そうして上流社会の顧客と接して面識ができるうちに、その服のデザインと縫製の注文を受けるようになった。人当たりの良い、才覚のある女性だったということであろう。一七七〇年からは自分の服飾品店を、パリに開く。この時代の服は既製服ではなく、注文を受けて縫製して作る、デザインや生地も顧客に提案して話し合いで決まる。彼女にとって幸運だったのは、服装や装飾品などのモードに関しては、製造と販売の両方をしてもよい、という職業ギルドに関する特認体制ができていたことであった。

王妃マリ・アントワネットの「モード担当大臣」とも呼ばれ、一種の妬《ねた》みをかうほど、親しく王妃からの注文も受けるようになったベルタンの店に、「ムガール皇帝（ル・グラン・モゴル）」という名がつけられていたのも興味深い。一八世紀は、フランスでも中国趣味が広く見られ、インド産の高級綿布なども人気の的であったことが関係していたのだろうか。ベルタンは、才能豊かなデザイナーであると同時に女性実業家の先駆であった。リシュリュー通りの自分の店で、三〇人からのお針子さんを雇用して、デザインした服を着せたマネキン人形を作り、毎月、ヨーロッパ各地の宮廷や貴族の顧客に送って注文を取る、という方式で事業拡大を進めていったという。この時代の輸送事情を考えれば、まさにパリの最新モード発信の革命的開拓者、ということになるだろう。しかし、現実に生じたフランス革命によって、王妃の命が断頭台に消えると同時に、身の危険を感じたベルタンは、一時ロンドンへと脱出を余儀なくされ、帰国後も事実上の引退生活を送った。

一九世紀に広がる裾野

彼女に代わって、ナポレオン帝政期からパリのモード界で浮上したのが、ルイ・イポリット・ルロワである。彼も、リシュリュー通りに店を構えるのだが、革命以前はヴェルサイユ宮殿に出入りして、鬘《かつら》など被《かぶ》り物を担当する職人仕事に当たっていたという。鬘は女性対象だけでなく、当時は男性の正装でも着用されるものであったから、この役割は重視された。彼が、帝政期から上流階層を対象とするモードの世界で成功するきっかけは、何と言っても、一八〇四年、ナポレオン戴冠式《たいかんしき》における皇妃ジョゼフィーヌの正装を受注したことであった。ルロワ自身は、デザインや縫製はできなかったので、それらの一流の専門職人を束ねて、自らは上流階層の顧客から注文を取り、製作統括するモードの実業家であったらしい。旧王政下に存続していた専門職のギルド組織は、革命を経て廃止されていたから、自由に組織できたのである。彼の取引が、ヨーロッパ各地の宮廷や上流階層に及んでいったという点で、ベルタンのあとを引き継いでパリ発のファッションをヨーロッパに広げた存在だった。

一九世紀前半には、宮廷だけでなく社会上層部における社交生活が、娯楽というよりも政治経済と結びついた集まり、支配階層のソシアビリテとして活性化していったが、モードは、最上層部からある程度の市民階層までの話であった。まだクチュリエ（男性）あるいはクチュリエール（女性）はデザイナーではなく、文字通り縫製職人で、生地を購入した客からデザインと縫製を依頼され、あるいは事業者の下でその仕事を的確に実現する役割が一般であった。

普通の市民にとって、のちのブティックのようなものはまだなく、既製服は、せいぜい労働用のざっくりした仕事着の製造から、それほど発展してはいなかった。中流階層以下の市民は、生地を買って自分で針仕事をするか、安いお針子に仕立ててもらった。これが七月王政期になると、マントやケープのような量産に適した衣料品が新製品として販路を広げ、そうした新製品を並べるマガザン・ド・ヌヴォテが目を引くようになる。絹にせよ綿にせよ、毛織物以外の生地の生産も、産業として確立していた。

そうした展開のなかから、初期のデパートの先駆形態ともいえる大型の小売店が、展開しはじめてくる。すでに一八二四年には「ベル・ジャルディニエール」、一八二九年には「トロワ・カルチエ」が最初の店舗を出したが、本格的には、左岸の裕福な階層が住む地区にブーシコーが一八五二年に「ボン・マルシェ」を開業させる。成功したボン・マルシェは、一八七二年、七六年と、拡張を続けた。これらの店舗が、特に女性用既製服業界の発展にも寄与し、一九世紀末からは「オ・プランタン」や「ギャラリー・ラファイエット」も加わり、デパートはより本格的に、広く市民層に向けてのファッション発信基地となってゆく。それは、カタログ販売という新展開や、大衆新聞という当時のメディアが、紙面広告の比重を大きくして発行部数を伸ばしてゆく時代と、重なっていた。パリのファッション情報は、フランス各地だけでなく、欧米世界で広く共有されるようになっていったのである。

オート・クチュールの先駆者はパリのイギリス人

モードの首都パリ、というイメージを欧米全体に広げていく上で大きな位置を占めるのが、第二帝政期のパリで一大変化をもたらしたイギリス人、チャールズ・フレデリック・ワースであった。イングランドはリンカンシャーの庶民の家庭に生まれたワースは、ロンドンに出て布地の商店で働きながら布や縫製についての専門知識を身につけ、ナショナルギャラリーなどの美術館で肖像画を参考に、ファッションの知識も身につけた独学の人であったようだ。

チャンスを求めて七月王政末期のパリに出て、リシュリュー通りにあった店で働きだしたワースは、じきに縫製担当の部署を任され、世界で最初の一八五一年ロンドン万博、それに対抗してナポレオン三世が開催させた一八五五年のパリ万博に、自作のドレスが展示され、高い評価を得たという。チャンスをつかんだワースは独立して、一八五八年に、パリのリュ・ド・ラ・ペ（平和通り）七番地に、女性服仕立ての専門店を開業した。この平和通りは、一九世紀初めナポレオン帝政期から、修道院跡を開発して通された道で、その南端は上流階層の空間であったヴァンドーム広場と接し、北端は、じきに建設されはじめるオペラ座の前の広場に繋がる、新たな時代の中心となるところである。

彼が仕立てる上流階層の女性向けドレスは、ナポレオン三世の皇妃ウージェニーをはじめ、オーストリア大使夫人や社交界で活躍する上流社会の女性たちに気に入られ、ヨーロッパの王侯貴族からの引き合いもくる。皇妃はスペインの名家出身であり、ワース自身も英国出身、顧客も国境を問わない、パリの上流社会はいわばコスモポリットな世界であった。しかし何よりワースが「オート・クチュール」という女性用の独特な高級仕立て服の業態をパリで確立したのは、いくつもの当時としてはまったく斬新なアイディアを、最初から世界をターゲットに事業として確立したからであった。

服飾史の専門家フロランス・ミュレルによれば、彼は、各シーズンの前に新作コレクションの発表会を、特別の顧客と世界各地からのバイヤーを招いて豪華に開催した。要するに季節ごとにふさわしい女性服を発表するファッションショーを始めたのだが、新作を着たのはワース夫人はじめ実際の女性であった。今では当たり前だが、当時までは作品を着せたのはマネキン人形だったから、その代わりに現実に綺麗《きれい》に身につけた女性が客の目の前を歩くデフィレというスタイル（英語でいうランウェイ）は、注目を集めないわけがなかった。フランス語でファッションモデルをマヌカンというのは、マネキン人形（マヌカン）に代わる生きたモデルだということに由来している。こうして彼は、現在に至るまで定番となった方式を開始し、世界に向けてパリ発のモードを発信した。注文の服を製作するにあたっては、生地をはじめあらゆるパーツの納入業者、靴や帽子、アクセサリーなどの職人を自らのもとに集め、縫製にあたるプロの職人たちを抱えた。そして、グラン・マガザンが、彼の作品のコピーを作ることを妨げなかった。モード雑誌も女性誌もそれらを記事にする。人気は嫌《いや》でも盛り上がり、客層の裾野も広がる。一大産業となるべき専門業界のモデル方式を、確立したのである。ワースは、叩き上げの経験から成長した、優れた起業家であった。

この第二帝政期に上流階層の女性に流行したモードは、鯨骨などを組んで作った枠を下着につけてスカートを大きく膨らませ、あるいはコルセットで胴《どう》を締めて胸を強調するというスタイルで、その後のモード画を見ると、多様に変化していったことがわかる。ワース自身は一八九五年に他界するが、メゾン・ウォルト（ハウス・オブ・ワース）は、一九世紀後半から二〇世紀初めまで、仕立ての相談や試着に来る上流階層、社交界のご婦人方のサロンのような様相を呈したという。

現在にまで受け継がれる伝統

二〇世紀に入ると、ポール・ポワレやココ・シャネルのような、新しいタイプのデザイナーが自分のブランド服を提供して人気を博すようになる。新世代の彼らは、一九世紀のようなコルセットできつく腰から胸の下までを締め上げ、いわば男の視線を意識したドレスではなく、コルセットから解放された、より現代社会のリズムにもあった、活動しやすい、あるいはそれぞれの個性が表に出るような女性服を発表して、新しいモードの世界を作り上げていく。シャネルの「5番」が代表するような香水や、スカーフ、アクセサリーなど、付随したファッション関連の商品が、服と同様に重視される事業展開で、世界を魅了した。現在にまで続くファッション事業の展開パターンが成立する。一般にその

第二帝政下のデパート内部（1864年）
出典：*Les Premières fois* 前掲書より．女性の膨らんだスカート姿に注意．

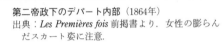

資本は、デパート経営者や金融家など複数の有力投資家が支える構造が取られた。

確かに、第二次世界大戦中のナチス・ドイツによるパリ占領という暗黒時代は、モードの世界にも暗い影を落とす。しかし戦後になると、再びクリスチアン・ディオールはじめ、新たなデザイナーたちの活躍を通じて、パリを拠点としたオート・クチュールの世界は、上流階層を主たる対象に復活した。

そうした動きを受けた、より一般の客層を対象にしたモードが、プレタ・ポルテであった。プレタ・ポルテとは、なんのことはないフランス語で既製服の意味だが、一九六〇年代からはそのデザイナーブランドが、主たるターゲットは女性だが、男性も含む市民に向けて広く、ファッション業界の主流になったのである。二〇二〇年に他界したピエール・カルダンは、イタリア出身でディオールのもとで研鑽した人だが、いち早く時流を捉えてプレタ・ポルテを主流に押し上げたデザイナーの一人であった。

こうしたモードの世界全体の基盤の上に、先端的な、あるいは伝統をうまく組み込んだデザインの服が、服飾関係の装いや小物とともに競って展示されているブティックが、家具やインテリアショップと並んで展開している現在のパリの中心部、特にフォブール・サン・トノレ界隈であるとかサン・ジェルマン界隈、あるいはしばらく前からのマレ地区などの雰囲気は、確かにシックな落ち着きと美的刺激とを与える街並みと言えるだろう。しかもデザイナーはフランス人だけでなく、日本の故高田賢三《たかだけんぞう》など世界各地からの優れたデザイナーが、それぞれの個性溢れた作品を競い合っている。ワース以来、才能が魅力的であれば国籍などにはとらわれず、良いものは良い、と評価され、関心の対象となる。素人でも、そぞろ歩きしながらのウィンドウショッピングにはうってつけの、魅力ある町の姿が、世界から人びとをひきつけるわけである。しかししばらく前から、経済性の優先が、一方では、パリに拠点を置く巨大な投資会社によるデザイナーブランドの買収を促し、他方では、いわゆるファスト・ファッションが広がるなかで、将来がどこへ向かうのかは霧の中であろうか。

2　パリにおけるレストラン、カフェ、ブラッスリー

レストランの始まり

飲食業とか外食産業という表現は、いささか味気ない。現在のような業態が広く根づきはじめたのは、ヨーロッパの場合ほぼ一八世紀後半から一九世紀以降のことであった。それ以前には、王侯貴族は自邸で専属料理人が調理する料理を食し、市民や職人労働者たちも職住近接が普通なので、外食の必要性が多くはない。自宅の外で、見知らぬ人とも同じ空間で食

事する、という発想がなかったということだろう。農村では住民同士は顔見知りだが、冠婚葬祭での共食以外、まず外食はない。しかし自宅から離れる旅人はどうしたのか。もちろん、日本でいう旅籠《はたご》、オーベルジュでは、宿泊だけでなく簡単な食事を提供した。都市内でも街道筋でも、同様である。

そうしたなかで、一七世紀末から状況が動きだす。一つは、最上層の宮廷社会での新たな社交の形成が、料理の質も量も、驚くほどに上げはじめた。こうした点については、関連する書物も多く出されているので、詳細は別に参照してほしい。ルイ一四世の宮廷から始まったフランス料理の工夫と洗練が、一八世紀には料理本によってフランス国内はもとより各国に広まり、王侯貴族や上層市民の私邸で専属の料理人（シェフ・キュイジニエ）の手によって、さらに進められていく。他方、パリ市内では、「カフェ・プロコップ」を先頭に、コーヒーなど飲料だけでなく簡単な食べ物も提供するカフェが増加していくのが一八世紀初めからであったことは、すでに第五章で一瞥した。じつはレストランやカフェなどの飲食の場が意見交換の場としても機能することは、それらの場が急増してゆく一九世紀にも同様であった。料理やワインについて、その他もろもろ、とにかく彼ら彼女らは語り、論じ合うことを当然の作法とした。ヨーロッパの場合には、ナイフやフォークなど凶器にも転じうる道具を各自が手元におくので、相互の安全を暗黙の了解にして食を共にする場は、互いに生きているコンヴィヴィアルな関係が成り立っていることを意味する。日本の家庭などで「静かに食べなさい」という躾《しつけ》がなされたのとは正反対に、互いに言葉を交わし、共に生きていること（コンヴィヴィアリテ）を感じる共食空間であることが標準である。

しかも、一人一人の前に個別の料理が順を追って提供される方式、つまり今では当たり前な方式が定着するのは、上流階層で一八世紀に、専属料理人と給仕がサービスする席から広まりはじめたもので、初期のレストランではすぐには広まらなかったという。現在の「ビュッフェ方式」のように、共通の大皿や大鍋《おおなべ》から取り分ける方式の方が一般的だったらしい。らしい、というのも頼りないが、社会的な日常に関する資料は、確実性の高いものが多くは残っていない。パリの場合には、一八七一年のパリ・コミューンに伴う内戦で市庁舎が全焼し、それまでの保存資料が焼失してしまったことも痛い。現在のような意味でのレストランがパリで記録に出てくるのは、一八世紀半ばからだという。

これらの店で提供されていたのは、主にブイヨンだったという。ブイヨンは、今では味付け用などの出汁《だし》をいうことが一般だが、この時期にはもっぱら、肉を煮込んで出汁をとって野菜など具を入れたスープ状のものを想起すればよいらしい。開業した初期の経営者が自分の食堂をレストランとしたのは、このスープを飲んで体力を回復させなさい、という意味合い（フランス語のレストレという動詞は、回復させる意味）であった。そして店が提供できる品名と値段とを明示する「品書き（カルト）」を客に提示するアラカルト方式をとった（日本ではメニューというが、フランスでのムニュは定食ないしコースを示す）。現在に至る基本形が、品数は少ないがこの頃から始まったことになる。

食の階層差

この初期のレストランが出現した時期にはまだ、それぞれの私邸で専属料理人に作らせた手の込んだ料理を食していた王侯貴族や最上層の市民たちと、普通の市民、職人労働者、雑業の民衆とでは、それぞれの食事内容はまったく違い、上下の格差はまさに雲泥の差であった。現代でも差は大きいだろうが、はるかにそれ以上と思った方がよい。民衆層には、農作物を作っていた農民自身を含めて、日常のパンを確保することすら時に問題になった。多くの場合、彼らが食べたパンは、黒パン（パン・ノワール）と呼ばれ、小麦粉だけでなく他の「雑穀」が混ぜ込まれた硬いパンであった。パンを焼くのも、農村部であっても年間数回、保存のために硬く焼きこむので、それを少しずつスープすなわちブイヨンに浸して食べた（田舎《いなか》パン、つまりパン・ド・カンパーニュは今でこそ値が高く美味《おい》しいが、そうなったのは二〇世紀後半からであろう）。こうした状況は、一九世紀をかなり進まないと変わらない。革命勃発後の一七八九年一〇月に、多数のパリの女たちが中心になって、パンをよこせ、小麦粉を放出せよ、と要求してヴェルサイユ宮殿へと押しかけ、革命の局面に大きな影響を与えたのは、まさに打ち続いた不作によって民衆はパンすら手に入れるのに窮していたからである。ジャガイモの普及も、フランスでは一九世紀に入らないと進まなかった。パンへのこだわりは大きく、その消費量も大きかった。実は一九世紀末になっても、パリの中流程度の労働者家庭で、パンは依然として食費の四割程度も占めていた、というデータが残されている。

本格的レストランの普及

プロヴァンス伯（のちのルイ一八世）の料理長も務めた経歴を持つアントワーヌ・ボーヴィリエが、パリのリシュリュー通りで一七八二年、上流階層をターゲットにした高級レストランを開き、新しいタイプの前例を作ったのち、じきにフランス革命の動乱が起こるが、しかし革命は思わぬ展開をレストランの世界に与えることになる。議員などで地方からパリに出てくる人びとが増加し、地方出身者がパリで食事をする場所として、レストランに対する需要が広がる結果となったのである。しかも他方では、貴族が上層に位置するほど相次いで亡命したので、お抱え料理人や菓子職人たちは失職し、個別の開業を模索せざるをえなくなる人が出てくる。パレ・ロワイヤルの中庭を囲む回廊部には、南フランスのブイヤベースを持ち込んでパリ市民を驚かせたレストランも開業したという。フランスの地方料理には、それぞれ特徴があって個性的だが、そうしたヴァリエーションがパリにも導入される時代が始まる。

革命期からナポレオン帝政期にかけて一〇〇軒ほどのレストランが営業し、競い合う状況が生じていた。一八〇三年には、アレクサンドル・グリモ・ドゥ・ラ・レニエールによって『美食年鑑』の刊行が始まり、一八一二年まで、各年のパリのレストラン評価を、案内を兼ねて発表するという、のちに二〇世紀からタイヤメーカーのミシュランが刊行するガイドブックの先行事例ともいうべきことを始めている。それだけレストランが、上流の市民階層の社会生活に根づいてきていた、ということを反映していたと思われる。

パリのレストランは、復古王政の時代にはすでに三〇〇〇軒にまで増加していた。とくに、右岸の賑わいの中心となっていくグラン・ブルヴァール界隈は、カフェと並んでレストランが多くの客を引きつけるところとなる。要約的に言えば、第二帝政期にかけて、社会経済の近代化の動きが、まだおずおずとではあれ進んでいき、中間市民層が大きな位置を占めるようになりはじめる。今風にいえばビジネスマンというべき男たちが、金融や商業や、そして発展しはじめた工業といったジャンルでの活動を行い、株や債券への投資活動も活潑《かっぱつ》になる。新聞という活字メディアや各種の書籍の刊行も活性化し、ジャーナリズムが大きな位置を占めるようになる。パリの街角でのさまざまな様相をレポートするような、一種のドキュメンタリー仕立ての本だとか、探訪記、ルポルタージュとでもいうべき本も、世紀末に向かって増加する。新聞では連載読み物が、パリの風俗をテーマにし、パリの「神秘」だの「秘密」だのをレポートして興味を煽《あお》った。

ジャン・ブリア・サヴァランが、有名な『美味礼讃』を刊行したのは、こうした展開がまだ始まった頃の復古王政下、一八二五年である。食のあり方は、国家や社会のあり方に通じている、という彼の議論は、ただ美味しいものを礼賛するのとは、かなり趣は違う。いかにも議論を好むフランスからの発信である。二〇世紀に向かって、じつに多くのフランス料理に関する本が、料理人によって、あるいは文筆家や食の好事家によって、世界各地でも翻訳刊行されていく。その影響力は馬鹿にならない。すでに旧王政下から、外交の世界では、フランス料理が公的な席での定番になっていた。こうした食をめぐる一連の展開の中心的な位置を、首都パリが占める。料理につきもののフランス・ワインは、すでに中世このかた評価は定着していた。お菓子やデザート類を含め、フランス料理が文化を構成する重要項目として確立するには、グリモやサヴァランをはじめ、二〇世紀にはキュルノンスキーといった、食に関する情報を文章で多く発信した人たちの筆の力も大きかった、というべきであろう。もちろん、料理が美味しくなければ、話にならないが。

カフェが提供した多様な機能

レストランが隆盛するなかで、一九世紀にはパリのカフェも、コーヒーはじめアルコール類も含めた各種の飲み物を提供し、簡単な食事もできる場としてさらに発展した。しかもカフェは、レストランが営業時間をランチ時からディナー時まで間を空けて、料理の準備の時間を設けるのに対して、その必要がない。もっと気軽に利用して、時間を選ばずさまざまな使い方ができる場、待ち合わせたり、打ち合わせをしたり、一休みしてみたり、観劇のあと、レストランでの食事のあと、話の続きをしに立ち寄ったりと、いわばマルチな活用方法が提供されて、新たな時代の都市活動に対応した。この点は、現在に至るまで変わっていない。

しかもパリでは、特にグラン・ブルヴァールなどの大通りの歩道はたいへん幅広く設置されており、カフェは市の認可を得て店の外に席を張り出して営業する形式が、早くから広まった。寒い冬には向かないが、春から秋まで、特に夏の間は外の席が居心地の良い時間を過ごさせてくれる。顔なじみが多い界隈ではそうしたカフェは、仲間内のちょっとした会話の場となり、通りで演じる街頭芸人が店外席の客を目当てに即席演奏をする風景が、一九世紀から展開した。

カフェのなかには、「シャンソン喫茶」や、あるいは隣接する業態として生演奏付きの「酒場（カヴォー）」も、早くはナポレオン帝政期から興って、シャルル・シモンによれば

『モダン・カヴォー』という雑誌すら出たという。これらの場は一九世紀末にも、トゥールーズ・ロートレックたち画家がさまざまなデッサンや絵に描いて、知る人も多いだろう。芸術家たちがたむろして交流の場となった店もあったし、地域に住む労働者たちがカフェの奥の個室に集まって、時事問題や要求運動などについて論じ合うことも、二〇世紀への転換期に至るまで広く見られた。それぞれ仲間同士のコンヴィヴィアルな場を構成していたのである。これらは、警察当局からすれば要注意の集まりとみなされたので、神経をとがらせて密偵した記録が報告され、現在ではパリの警察資料館で閲覧することもできる。

歌声が響いたキャバレ「シャ・ノワール（黒猫）」（1886年）　1881年にグラン・ブルヴァールの一つブルヴァール・モンマルトルに開店したキャバレ「シャ・ノワール」は，歌や寸劇の上演があり，飲み食いして客も一緒に歌える酒場として，世紀末に大繁盛した．
出典：*Les Premières fois* 前掲書より．

ブラッスリーの拡大と、変わる都市生活

もう一つ、レストランともカフェとも若干違う由来であったのが、ブラッスリーという業態である。日本でいうビヤホールと考えればよいのだが、これは第二帝政期からいくつ

かの店の展開が始まったが、より広く定着してゆくのは、第三共和政になって以降、つまりは一九世紀末近くからであった。折しも独仏戦争で敗戦したフランスは、アルザス・ロレーヌの両地方をドイツに割譲せざるをえなかった。アルザスからは、ドイツ支配下に入るより移住を考える人たちもいた。そこから、ビールを提供するアルザス方式の食堂であるブラッスリーを、パリで本格的に展開しはじめる人が出てきた。

パリに定着して成功した古いブラッスリーとして有名なのが、ストラスブールからパリに移ったレオナール・リップが、一八七七年にサン・ジェルマン大通りに開店した、その名も「リップ」というブラッスリーである。今も店は、大通りを挟んでサン・ジェルマン・デ・プレ教会の筋向かいに、同じ場所で構えている。場所柄、政治家や知識人などが出入りすることでも有名で、いわば高級ブラッスリーである。フランス料理といえばワイン、というのが定番であるが、ブラッスリーはビール、それもいわゆる生ビールを主として提供することで評判となる。そして小ジョッキ（アン・ドゥミ）が、基本の消費単位となるので、今ではカフェなどでも、生ビールを注文する際には多くのフランス人が「アン・ドゥミ」と言うようになった。ブラッスリーでは、食事も提供する。アルザス名物であるシュークルットは定番となって、パリの生活にも定着する。店によっては、女性の接客係が民俗衣装をつけて、ノスタルジーをくすぐった。通常ブラッスリーは、カフェと同様に中間で閉店時間を取らず、午前一時までずっと開店して、気軽に入れるスタイルをとった。なかには、閉店後に女給さんと怪しげな場所に消えていく客もいたというのは、『パリ歴史事典』を書いたパリ通の研究者フィエロの説である。

都市生活のスタイルが一九世紀末から変化しはじめる先端を、パリは走る。オスマン化が進められて、パリの労働階層は、居住地が市内の中心部よりも外へと、いわば追い出された形となった。働く場所と住居とが離れれば、昼の食事は外食とならざるをえない。日本式の弁当という食文化はなかった。こうして、広く大衆をターゲットにした、例のブイヨンなどを提供する食事処《どころ》も出てきて成功する。ブラッスリーとは違うが、働く市民を対象としたオープンな営業スタイルは同様であった。一八九五年に、右岸のタンプル通りにブイヨン店を開いたシャルチエ一族は、その好例である。その成功を基盤に、パリ中心部にも価格を控えめにしたレストランを開店し、より広い市民層を引きつけていった。その一つは、今でもグラン・ブルヴァールで、パリでは珍しく客が相席でも構わないレストランとして、大繁盛している。ついでながら、アール・ヌーヴォー式の内装が良くて雰囲気はスノッブでないので、かつてパリ滞在時に私自身が利用した「ヴァジュナンド」という、サン・ジェルマン大通りにあるレストランが、まさにこのシャルチエ一族が一九〇五年に始めたレストランだとは、つい最近まで知らなかった。

一九世紀から二〇世紀へと、依然として社会階層差は甚だしかった。第二帝政になる頃まては、労働大衆は市内の外食は値が張るので避けて、入市税のかからない市門の外のガンゲット（郊外居酒屋）に休みの日曜日に繰り出して仲間と飲み食いし、次の月曜日も休んでしまうという「聖月曜日（サン・ランディ）」の慣習を楽しんでいた。しかし、仕事の性格も職場環境も変わった世紀末ともなると、そのような労働大衆の行動パターンは、もはやなかった。他方では、労働大衆もまた消費者であることが、認識として広まる。まだ大量生産大量消費という時代へは遠いが、パリの世紀末とベル・エポック（第一次世界大戦前の「良き時代」）は、重要なターニングポイントであった。

一九五〇年代半ばには、パリのブラッスリーは二〇〇軒を数えたというが、その頃には、もはや民衆的パリは姿を消しはじめ、社会の階層分化の新たな激化とともに、都市としてのジェントリフィケーション（高級化）が止めがたく進行した。他方、二〇世紀末からこのかた、日本食ブームが和食レストランの数を、怪しげな中身の店を含め激増させた。それでもなお、食をめぐってはモードと同様に、パリは、新たな挑戦的動向を吸収しながら、光を発し続けているというのが正確なところであろうか。

終　章　芸術文化を押し上げる力
——私と公の両面の作用

1　芸術文化の新たな飛躍の舞台パリ

芸術文化の視野の広がり

すでに見たように、一九世紀前半のヨーロッパでは、既存の古典主義的な規範にとらわれないロマン主義の立場からの表現活動が、文学の世界でも絵画や音楽、舞台の世界でも大きなムーヴメントになり、パリはそのなかでも、多様な表現活動にとって中心地の一つとなった。その動きは自発的であると同時に、それを支え、押し上げる力の作用も大きく働いていた。パリを拠点とした文学や造形芸術の世界では、一九世紀後半以降二〇世紀に、広く世界に訴えかける力を持った作品が生み出され続けていく。それらは、既存の規範にとらわれない自由な表現という点ではロマン主義からの連続性を引き受けながら、しかし現実を別の角度から直視する作品や、目には見えない世界、人間の内面を深く掘り下げようとする作品など、大きな広がりを示すようになる。

一九世紀同様二〇世紀にも、文学の面で新たな作品が世に広く出ていくために、出版社が果たした役割は無視できない。有名な例は、二〇世紀初めから文学出版の活動を始めたガストン・ガリマールの例であろう。新たな展開を試みた作家たち、例えばジッドやヴァレリー、クローデルたちが意見を交わす空間であった小グループNRF（ヌーヴェル・ルヴュ・フランセーズ）を支えたのが、ガリマールである。第一次世界大戦後に出版社として組織を整えたガリマールは、「プレイアード」という名声を確立する叢書《そうしょ》をはじめ、古典と新作双方の作品群や、歴史書をはじめとした人文書の刊行でも、大きな役割を果たしていく。ガリマール社の「歴史叢書」や「人文叢書」から仕事が出るということは、その学者のステイタスに繋がるようにもなっていく、それが良いかどうかはともかくとして。

二〇世紀後半には、サルトルやカミュなどだけでなく、フランスのヌーヴォー・ロマン（新小説）に連なる作品も各国語に翻訳され、ヌーヴェル・ヴァーグの映画と並んで、日本でも「戦後世代」にとって大きなインパクトを持った。高校時代から大学にかけての私自身が、いわばその生き証人である。パリ発の大衆小説でもまた、二〇世紀初めから刊行されたモーリス・ルブランによる一連のリュパン（日本では翻訳でルパン）シリーズでわかるように、世界中で翻訳されて人気をえていく。

こうしたエクリチュールの世界での動きと連動するかのように、造形芸術の世界もまた一九世紀半ばから新たな展開を多様に示すようになる。私は美術史の専門家ではないので、ただ美術好きな歴史家としてパリと絵画のムーヴメントについて少し眺めてみたい。ロダンやブールデルでよく知られるように、彫刻の世界でも大きな動きを感じることができるが、ここでは主に絵画に焦点を絞る。羨《うらや》むべきとしか言えないようなジャンルを越えた交友関係が、パリを中心軸として、芸術家の間でさまざまに織り成されていたことにも触れなければならない。そしてこの現代絵画への静かな大波のような動きには、その絵を高く評価して動いた画商たちの行動が、とても大きく作用していた。芸術文化の展開は、目立たない根っこの深みから雨後の筍のように自生的に伸びてゆく面だけではなく、それを育《はぐく》み押し上げる公私両面の力が働いていていた。

絵画の世界の広がりと深まり

一九世紀半ばから、古典主義の理念化された描写ではなく、情念が先に立つようなロマン主義でもない、画家の感性に基づくレアリスム、写実主義が新たに人びとを魅了しはじめた。ギュスタヴ・クールベが、出身地の情景を描く『オルナンの埋葬』（一八四九年）など、社会情景をしっかり捉え切る澄んだ眼差《まなざ》しは、ロマン主義とはまた違った人間の精神の力を感じさせたのではないか。日本でもファンの多いバルビゾン派と言われる画家たち、『晩鐘』（一八五九年）で有名なフランソワ・ミレーに代表される写実主義ないし自然主義、ナチュラリスムの画風と言われる画家たちの作品についてもまた、そうである。風景画は、もちろん景色そのものの再現ではない。

これらの画家たちと踵《きびす》を接するような位置から独自の、ゆるいグループを形成していったのが、印象主義の画家たちであったことは、すでにあまりに有名である。印象主義ないし印象派という呼び名が、クロード・モネの作品『印象　日の出』（一八七二年）に由来することは、これもよく知られているだろう。たしかに古典主義の信奉者がこの絵を見たら、一体何が描きたいのか、何が描いてあるのか、と思ったにちがいない。印象派というのは、後からつけられた名前だが、フランスの社会経済が大きく変わりはじめ、パリの大改造が進む第二帝政期から、『草上の昼食』や『オランピア』（いずれも一八六三年）などの作品で官展の古典主義の権威と衝突していたエドゥアール・マネや、リモージュの民衆階層に生まれたオーギュスト・ルノワール、その友人、モンペリエの富裕層出身であったフレデリック・バジルなどを中心に、パリで新たな絵画の可能性を追求して切磋琢磨《せっさたくま》する画家たちが、交友関係を結んでいた。

　彼らの自主展覧会が、写真の開拓者の一人であったナダールのアトリエを借りて行われた。画家バジルが戦死してしまった独仏戦争のすぐあと、一八七四年のことである。現実を新たに切り取り提示する写真術を開発して、実験的な試みも繰り返していたナダールは、モンマルトルのカフェを拠点にしていた画家や評論家たちのグループにも加わっていた。写真家となった彼が、印象派に強い関心を示して支援したことはじつに印象的であるが、入場料方式で行われた独立開催の展覧会は、はじめのうち決して成功とは言えなかったようである。

マネ『草上の昼食』（1862〜63年）
所蔵：オルセー美術館.

　印象派の画家たちが成功を収めていくには、パリの画商の役割が大きかったが、それについては後段で取りあげよう。彼らが八〇年代から評価されるようになっていくのとほぼ同時に、ほかにも

ゴーギャン『我々はどこから来たのか，我々は何者で，どこへ向かうのか』（1897〜98年）
所蔵：ボストン美術館.

画家たちの独自の表現活動が展開していたことは当然であった。近代社会の現状に批判的な、鋭い感覚を持ったポール・ゴーギャンは、印象派の画家たちとも関わりを持った人だが、変わりゆく現実社会のありようから身を離すべく、一八九〇年代前半からタヒチなど太平洋の島に本拠を移し、『我々はどこから来たのか、我々は何者で、どこへ向かうのか』（一八九七〜九八年）という問いを絵にした大作でも有名になる。彼が、まだフランスにいた一八八〇年代、彼の周りには若い画家たちが集まった。「ポン・タヴェン派」という彼らの呼び名は、その根拠地が、当時ゴーギャンが滞在していた自然豊かなブルターニュのポン・タヴェンに置かれたからである。

フォンテーヌブローの近くに拠点を据えたバルビゾン派がそうであったように、パリの外に拠点を置いて活動した画家たちもまた、パリの画廊での展示会や、画商の世界と別個に生きたわけではない。画家ポール・セリュジエを中心としたポン・タヴェン派の絵画は、後段で取りあげる一八八九年のパリ万博で聳え立ったエッフェル塔ふもとの会場で展示され、衆目を集めた。そうして世紀末から、ポスト印象派ないし後期印象派と呼ばれるようになるヴァン・ゴッホやポール・セザンヌに代表される、新たな展開が始まる。すでにベテランの画家であったセザンヌの絵画が、改めて二〇世紀に入ってパブロ・ピカソやジョルジュ・ブラックの始めたキュビスム（立体派）に圧倒的な影響を及ぼし、抽象画にもつながる二〇世紀の現代絵画の動向にとって大きな存在となったことは、これもまた有名である。セリュジエやその友人モーリス・ドニたちを中心に、世紀末に形成されたナビ派と言われる集団もまた、セザンヌを新たな絵画の作法の模範とした。

ミュシャ自身による自作展のポスター（1897年）
出典：Musée Carnavalet, *Le Salon des Cent, affiches d'artistes*, Paris, 1994より.

ここに書いてきたことは、まだまだ全体の動きのごくごく一部である。トゥールーズ・ロートレックはどうなのだ、ボナールはどうか、ルドンは、モローは、いやいやルオーは、といったように、名前を連ねれば際限なくなるだろう。ロートレックやボナールのように、画家の中にはポスターや雑誌の表紙絵を描くことに躊躇《ちゅうちょ》しなかった人たちもいた。あるいは、女優サラ・ベルナールの演劇ポスターなどで有名な、チェコ人の画家アルフォンス・ミュシャや、化粧品はじめ多くの商品ポスターで知られるジュール・シェレといった、世紀末に各種のポスター画で最先端となった画家たちもいた。世紀転換期のパリでは、美術館や画廊だけでなく、個人の家にも街角の広告塔にも、さまざまな絵があふれ、アール・ヌーヴォーの作品や建築が新たな風を運んでいた。

異分野交流の刺激

一九世紀後半、特に世紀末には、パリだけでなく、ウィーンやミュンヘン、ベルリンやロンドンなど、多くの都市を拠点として芸術活動は活潑に、新たな可能性に向かって、さまざまな分野で新たな作品を生み出していた。イギリスにおけるアーツ・アンド・クラフツの運動、ウィーンやミュンヘンなどでのユーゲント・シュティルの展開は、すでにヨーロッパ内でも有名であった。そのなかで、重要な位置を占めたパリは、第二帝政下に市域が広げられたとはいうものの、一種のコンパクト・シティに近い規模の市内で、画家や文学者、音楽家、学者、さらには言論人も含めて、多くの人たちの日常的交流がジャンルを越えて盛んで、出自を問わない交流であったことも、特徴の一つであった。

一連の睡蓮《すいれん》の絵でも有名な画家モネのアトリエが、パリの西の郊外ジヴェルニーにあったように、画家個人の制作拠点はパリとは限らなかった。しかし、こうした絵画をめぐる動きの重要な拠点であったのは、やはりパリであった。画家や彫刻家たちは、同時代の文学者や作曲家たちとも親交を温め、互いに刺激しあう、羨むべき状況が一九世紀後半から二〇世紀前半にかけてのパリで展開した。世紀転換期の文芸誌『ルヴュ・ブランシュ』、一時はボナールの絵が宣伝にも使われたこの文芸誌の編集長夫妻の家は、まさにそのサロンとして知られている。こうした多様な可能性に開かれたパリが、世界各地の芸術家たちに魅力的でなかったわけはない。ピカソやモディリアーニ、写真家マン・レイや彫刻家ブランクーシなど、多くの芸術家たちが他国から進んでやって来た理由がよくわかる。

移民問題全般は、フランスでは大きな課題であるが、二〇世紀末でもパリのみかフランスを代表するとみなされる人が、移民や移民第二世代であることは珍しくなかった。代表的なシャンソン歌手イヴ・モンタンはイタリアからの、シャルル・アズナヴールはアルメニアからの、そしてデザイナーのカルダンはイタリアからの、国民的漫画『アステリクス』の作者ウデルゾもイタリアからの、移民ないし第二世代である。はじめは苦労も多かった例は少なくないが、アートの各分野で出身ゆえに排除されることはなかった。

2　画商・コレクターが果たした役割

デュラン・リュエルとヴォラールの事例

画家たちは、趣味で描くのでない限り、作品が売れなければ生活が成り立たない。かつては、国家が公共施設の装飾のために発注する、あるいは王侯貴族やごく一部の上層市民が、特定の工房や画家に注文して描かせる、自分のコレクションのために、他の人が所有している作品を買い取って譲渡してもらう、という状況であった。いわゆる画商にあたる人たちがどのように現れてくるかは、国によっても異なっていたようであるが、はじめは王侯貴族のような収集者を対象として、しかし一九世紀からの政治経済の大きな変化、一言でいえば資本主義の発展による市民生活の変化、裕福な市民階層が増加して力を持ちはじめることと並行して、事業がその社会的位置を確立したといってよいようである。以下では、一九世紀後半から二〇世紀にかけて、パリを拠点にした四人の画商、芸術振興に力を注ぎ自ら収集家でもあった人たちに、注目しておきたい。画商の総数がどのくらいで推移したかの調べはできていないが、彼らは代表例というよりも、突出した例外的事例なのかもしれない。しかし、それがありえたことが重要だろう。

はじめの一人は、印象派の売り出しに貢献したことで有名なポール・デュラン＝リュエルである。父親がパリで画材を扱う商人であると同時に、すでに画商としての活動もしていたが、一八三一年に生まれた息子のポールは、はじめは陸軍士官学校に入り軍人になるつもりだったという。しかし体を壊して軍人への道をあきらめたことが、結果として彼の生涯にはプラスになった。家業を手伝うなかで、画家たちから、画材の支払いの代わりに作品の絵を受け取るようなこともあり、一八六五年に本格的に家業を継いだ時には、すでにバルビゾン派の画家たちとの交流を豊かにしており、彼らの作品の売り出しにも貢献していた。一八六七年に彼は、親譲りの店があった通りのすぐ近く、ラフィット通り一六番地に新たな画廊を開いた。その一帯は、証券取引所があり、銀行なども多い金融センターの性格があり、オークションが行われる競売場のドゥルオ館からも程近い、当時の美術品取引の中心地であった。

しかし事業が順調に展開していた折、ナポレオン三世は一八七〇年にドイツとの戦争を始めてしまい、デュラン＝リュエルはすでに収集していた絵画作品を携えて、ロンドンに一時避難を余儀なくされる。転んでもただでは起きないというか、そのロンドンでも展示会を開いて注目を集め、画家のモネやピサロと知り合うことになった。戦後帰国すると、彼らの紹介で画家シスレーやルノワールとも知己となり、やがて彼らの作品を買い取り、サポートする役割を果たしはじめるのである。

印象派の絵は、風景画や市民生活の場面、都市の情景など、およそ官展の作品傾向とは合わないもので、まだはじめの頃はコレクターの嗜好《しこう》とも必ずしも合致していなかったようである。しかもデュラン・リュエルの取引銀行であったユニオン・ジェネラルが、金融危機の中で一八八二年に倒産してしまった。やむなく彼は、資金繰りのために、所有していたバルビゾン派や印象派の絵画の売却を考えるのだが、フランスではまだ高い値はつかない。そこで彼が目を向けたのが、経済発展が進行中のアメリカの絵画市場であった。それには、印象派に加わっていたアメリカの女性画家メアリ・カサットの助言もあった、と言われている。一八八三年、ボストンで最初の展示会を開き、八六年にはニューヨークで大々的な印象派絵画の展示会を開催して大成功したのである。フランスへは、いわば評価が逆輸入された形となる。こうして一八八〇年代後半から九〇年代に入ると、印象派の絵画は、ヨーロッパ各地でも高い評価を得るようになり、デュラン・リュエルの美術商としての活動も完全に軌道に乗る。

彼の画商としての活動は、戦争や不況といった、たまたまのピンチをチャンスに転換する読みと行動力に支えられていたと言えそうだが、パリを拠点に欧米世界全体を相手にした、今で言えばグローバルな美術市場を開拓したものであった。そして何より、彼自身が好みの絵画の収集家であり、画家たちの画業を支えることを忘れなかったところが重要だろう。

次に注目する二人目の画商は、アンブロワーズ・ヴォラールである。フランス領レユニオン島に生まれたヴォラールは、フランスへは法律の勉強のためにやって来て、同時にパリでデッサン画などの取引にも携わるようになったのが二〇歳代半ば、一八九四年にはデュラン・リュエルと同じラフィット通りに画廊を開くまでになったというから、時代に適合したとも言えるが、どういう才能であったのか。おそらくは、才能だけでなく独特な社交性を持っていたと想像できるのだが、彼はルノワールと親しくなり、ずっと年上の画家セザンヌとも友人となり、一八九五年には自分の画廊で一挙に一五〇点にも及ぶセザンヌの作品を展示して、皆を驚かせたという。

ピカソ『アヴィニョンの娘たち』（1907年）
所蔵：ニューヨーク近代美術館. ©2021-Succession Pablo Picasso-BCF (JAPAN).

石版画などを使用した印刷本の刊行にも携わり、その関係ではボナールらのナビ派の画家にも近く、また、『ユビュ王』などの作品で近代の虚栄や愚劣さを諷刺した孤高の作家として後世に評価される詩人アルフレッド・ジャリが、当時まったく不遇であったのを、ヴォラールは支援して作品の刊行にも携わる。さらには、パリにやって来て間もないピカソの才能を見抜き、その最初の個展を一九〇一年に自分の画廊で開いたことでも有名になった。こうしたヴォラールの交友の幅は広く、顧客のなかには、印象派のコレクションで世界的に有名になるアメリカ人実業家バーンズも含まれていた。多彩な活躍は、ヴォラール個人の才能のゆえであることはもちろんだろうが、しかしパリの町が、まだ若かった、しかも海の向こうからやって来た彼に、それが可能になるような条件を持った場であったことが、重要ではなかっただろうか。

時代と切り結んだ二人の画商――カーンワイラーとローゼンベルク

注目する三人目の画商は、カーンワイラー、ドイツの裕福な家系に一八八四年に生まれた人だが、のちにフランス国籍も取るので、フランス風にいえばカンウェレルである。一九〇二年からパリでの生活を始めたが、すでにヨーロッパの多くの美術館をめぐり歩いて実物で学び、画商を始めることを決めてパリにやって来たという。印象派、ないしその流れを汲《く》む画家たちの作品に多く触れ、特にセザンヌの拓く新たな可能性に彼も魅了されていた。実際に一九〇七年、マドレーヌ教会近くに画廊を開設すると、知り合ったピカソがブラックと始めたキュビスムの絵画、すでに書いたようにそれもまたセザンヌから多くのヒントを得たものであったが、そのキュビスム作品の展開を、カーンワイラーは積極的に支援する。友人関係は、画家フェルナン・レジェやアンドレ・ドラン、作家ギヨーム・アポリネールなど、これまた幅が広く、アポリネールの作品にドランの挿絵を配した本を編集して刊行するなど、彼の場合にも活動範囲は多様であった。しかし第一次世界大戦の勃発は、彼を辛い立場に置く。たまたまイタリア滞在中であったカーンワイラーは、ドイツからの徴兵令を拒否し、スイスで一種の亡命生活を送るが、フランスは、ドイツ国籍のカーンワイラーを敵性人とみなし、画廊を閉鎖、資産を没収したのである。終戦後、パリに戻った彼は、資産は没収されていたので、友人のアンドレ・シモンと組んで、八区にシモンの名で画廊を開設し、美術商としての活動を多様に再開する。

結婚して家族とともにパリのすぐ南西、ブーローニュに居を定め、「ブーローニュの日曜」というサロン的な集まりを始めた。そこには画家だけでなく、エリック・サティのような作曲家、建築家ル・コルビュジエ、興隆しつつあった映画界の人など、ジャンルをまたいだ交友関係が築かれていった。カーンワイラーは、そうした交流のなかから、当時新人であった作家たち、例えばアンドレ・マルローやレーモン・ラディゲ、トリスタン・ツァラやジョルジュ・バタイユの作品に、レジェをはじめとした画家たちによる挿絵を組み合わせて刊行するといった事業も、積極的に推進した。これが魅力的でないわけがなかった。

しかし、カーンワイラーはユダヤ系の家系出身であったことから、ナチ占領下のフランスでは、逮捕を避けて身を潜めて過ごさざるをえなくなる。たまたま娘婿が、作家でアフリカ研究者でもあったミシェル・レリスであったことから、彼らの協力を得て匿《かくま》ってもらい、なんとかゲシュタポの手には掛からずに済んだが、戦後は画商の活動からは手を引き、美術関係の著作を残す方を選んだのであった。時代と切り結んだ、波瀾万丈の人生というほかない。私自身、かつてまだカーンワイラーのこうした仕事を知らない頃、ミシェル・レリスのアフリカについてのエッセーの冊子本を手にした際、そこに素敵なデッサンなどが配されていて、「さすがフランス」と感心したことを覚えているのだが、もしかしたら、カーンワイラーも関わっていたのかもしれないと、今となれば想像している。

ナチへの対応を余儀なくされ、画商としての活動を中断して所蔵作品を隠したのち、アメリカに逃れざるをえなかった人の例として、ポール・ローゼンベルクにも注目しておく。彼は、手広く古美術商を営んでいた父親が、彼の生まれる数年前に、当時オーストリア・ハンガリー帝国領であったスロヴァキアから移住してきたパリで、一八八一年に生まれた移民第二世代であった。

まだ若かった一九世紀末から勉強のために、父親の取引関係を利用しながらロンドン、ウィーンなどヨーロッパ主要都市だけでなくニューヨークまで旅してまわるなか、ポールは印象派や後期印象派の絵画に強い関心を持ち、マネの油彩画やゴッホのデッサンなどを手に入れはじめたという。一九一一年にはパリ八区のラ・ボエシー通りに画廊を開き、別に画廊を持った弟レオンスとともに事業本格化を開始する。キュビスムを展開していたピカソやブラックを、第一次大戦後に兄弟揃って支援すると同時に、一九二〇年代からはフェルナン・レジェや女流画家マリ・ローランサン、ついでマチスとも親交を持つようになる。ロンドンにも支店を構えたポール・ローゼンベルクが支援し、売り出そうとした画家たちはフランス人に限らず、ジャンルも特定せず、まさに欧米諸国、国籍を問わなかった。

コレクターでもあった彼が買い上げて支援した、当時の現代画家たちのリストを挙げていけば、驚くほど幅広くなるだろう。そのコレクションに、やがてフランスを占領したナチは、すでに目をつけていた。ナチによる、ユダヤ系収集家や画商たちのコレクション捜索押収は、占領するなり徹底的に実行され、それらの作品は、一部をナチが取り、多くはパリのドゥルオ館で競売にかけられた。美術史家のエマニュエル・ポラックによる徹底した調査研究の成果が二〇一九年に刊行されたが、彼女によれば、この時期のドゥルオ館での競売が盛んだったことはそれまでにないほどだった。おそらくこの時期にはすでに、収集家にとっては絵画そのものの芸術価値よりも、経済価値の方が勝っているような時代が始まっていたのかもしれない。家族がユダヤ系であったローゼンベルクは、ナチがドイツで権力を確立した一九三〇年代半ばからすでに状況を危ぶみ、自らのコレクションを英米などへと避難させはじめていた。占領直前に彼自身は、なんとか大西洋を渡り、ニューヨークに画廊の拠点を移すことができた。しかしナチがフランス占領を開始した時、なお二〇〇〇点以上の作品が残っており、それらは多くが別置先でナチに押収されてしまった。

かつてヴォラールの画廊の客であったマルタン・ファビアーニという収集家は、ヴォラールの遺言執行人にもなった人だったから、信用度も高かったのだと推察されるが、ナチの手で押収されたローゼンベルクの収集絵画がドゥルオ館でオークションにかけられると、二四点も競り落としたという。しかし戦後、これらの絵画はローゼンベルクの元へと返却を余儀なくされる。ローゼンベルク自身は戦後パリに戻り、戦後復興が軌道に乗りはじめた頃に没した。一時ナチに押収された彼のコレクションの一部をめぐっては、後々までその扱いが紛糾する。こうしたナチによる美術品押収に関する研究は、ポラックの本に付されたデータや文献一覧からしても、その実態が解明されてきていることがわかる。芸術文化もまたそれが高度であるほど、政治に翻弄《ほんろう》され、経済価値が先に立つようになってしまうという、歴史の暗い部分だと言わなければならないだろう。

3　芸術文化振興への政策的関与とパリ万博

万国博覧会という仕掛け

パリが芸術文化の代表的な都市として認められるようになるには、都市空間に魅力がないと前提が成立しない。大改造を経たパリは、さらに世紀末にはアール・ヌーヴォーの様式を取り入れた建築やストリートファニチュア、第一次大戦後にはアール・デコのよりスッキリしたラインを持った建築、といったように、既存の空間にさらに新たな要素を添加していった。他方で都市の輝きは、自発的な展開だけでなく、一種の政策的な関与によって磨かれていく側面を持つ。

フランス、特にパリの場合には、旧体制下から王国の首都として、輝く都市となるための課題は常に意識されていたとも言える。とくに革命後には、一種の普遍主義的なフランス意識も伴って、政権にあるのが王党派、帝政派、あるいは共和派、どの党派であろうと、芸術文化や歴史文化の重視は共通していた。大改造が実施された第二帝政も、その例外ではない。政策的関与について、ここでは詳細を検討する余裕はないから、一九世紀半ばから繰り返し開催された万国博覧会という、上からの政策的な関与の代表的な例を取りあげて、見ておくことにしたい。パリ万博は、第二帝政下に開催された一八五五年のものから、日本が初参加した一八六七年、そして第三共和政期には一八七八年、一八八九年、一九〇〇年と、いささかマニアックと言いたくなるほど、連続するようにして開催された。

万博は、産業経済の発展と不可分に関連したものであり、国家間競争という政治目的とも密接である。その評価についても二分される。直接の収支からすると赤字のこともあり、多数の参加国、参加団体を世界中から集めようという為政者による国威発揚の性格も強いだけに、巨大な施設を用意する開催自体を、メガロマニア（誇大妄想）的な愚策とけなす立場もある。他方、時代の先に出ていく可能性を探るという意味の評価を、積極的に行おうとする立場もある。しかも各万博は、それぞれ一冊の研究書が書けるほどの多様な面を持っている。ここでは特定の立場には与《くみ》せず、芸術文化という面に焦点を合わせて、ポイントを押さえる形で時代のなかでの意味を捉えてみたい。

第二帝政下のパリ万博

一八五五年、発足間もない第二帝政下に、ナポレオン三世その人の強い願望をもとに開催されたパリで最初の万博は、一八五一年ロンドン万博の向こうをはって企画された。フランスでは、内国産業博覧会にあたるフランス製品の展示会は、すでにフランス革命末期の一七九八年九月に、シャン・ド・マルスの練兵場を会場として開催されたのち、一八四九年までに一〇回開催されていた。しかし、産業革命の先頭を走る「世界の工場」イギリスとは産業発展がまだ比較にならない後方にあったこの時期のフランスにとっては、工業機械やその製品で対抗することは、想定外であった。

ロンドンでは、時代の先端を象徴する鉄骨とガラスの巨大建築クリスタル・パレスが展示会場となり、全国から大衆を含めた見学者を、鉄道を利用した団体旅行で集める企画がトーマス・クック社によって推進された。その種の観光事業がフランスで本格化しはじめるのは、世紀末の一八八九年、フランス革命百周年記念万博の時期からである。鉄道網の発展自体が、第二帝政期から急速に本格化していったものであった。

一八五五年五月一五日から一一月一五日まで半年間開催されたパリ万博で、力点を置かれたのが芸術文化面にあったことは、知られているであろうか。一八五三年から開始された準備で、パリの西部に展開していたシャン・ゼリゼの空間が万博用とされ、産業館や巨大な円形のパノラマ館が建てられた。視覚の芸術という性格もあったパノラマ館が耳目を集めたことも確かだが、とくに力が入れられたのは、セーヴルなどで有名な陶磁器や、パリに工場があったタピスリーで有名なゴブラン織り、あるいはバカラ社で知られたガラス工芸品、そうした高度な手業の性格を維持した製品の芸術的質の高さであった。同様に力が入れられたのは、モンテーニュ大通りに用意された会場に、当時のフランスを代表するアングルやドラクロワをはじめとした作品に加え、世界二八カ国から送られてきた絵画など、五〇〇〇点に及ぶ絵画を展示することであった。こうした政策展開の刺激は、すでに述べた写実派の隆盛や、のちの印象派など新たな動きにもつながる面があるので、万博は一定の先導役を果たしたと言えなくもない。

この最初のパリ万博は、準備と開催がたまたまクリミア戦争の時期と一致した。英仏が協力してオスマン帝国に力を貸し、黒海から地中海へと縄張りを拡大しようとするロシア帝国と、武力で対立した時期である。結局一八五六年のパリ条約で、ロシアの野望を打ち砕いて黒海の中立維持などが定められるのであるが、中世のいわゆる「百年戦争」以来、犬猿の仲とも言われてきた英仏間の関係が好転した。イギリスのヴィクトリア女王がこのパリ万博を自ら公式訪問するという、国際政治上の外交的なパフォーマンスの場ともなった。

第二帝政下の次のパリ万博は、一八六七年開催であるから、その間はわずか一二年ほどである。すでにパリの市域は拡大され、大改造があちこちで展開されている最中であった。第二帝政の政治方針自体も、いわゆる「自由帝政」という時期に当たっている。すなわち、批判派による発言や活動に対する規制を緩めて、工業化推進と都市改造工事による社会改善を視野に置く、という「上からの近代化推進」の方向が積極的に取られていた時期であった。

数年後に独仏戦争であっけなく帝政が崩壊するとは、まだ誰も考えてはいなかった。

一八六七年四月一日から一一月三日まで開かれた万博には、世界の四二カ国から五万二〇〇〇に及ぶ展示がなされた。この万博が、第二帝政期の経済政策ブレインであったサン・シモン主義の経済学者シュヴァリエの組織力によるところが大であったことは、鹿島茂《かしましげる》『絶景、パリ万国博覧会――サン・シモンの鉄の夢』に見事に描かれている。その万博実施の責任者として任命されたのは、フレデリック・ル・プレーである。ル・プレーは、社会調査を重視しつつ、キリスト教と家族の価値を説く社会改良派として有名な学者、政治家でもあった。彼の指揮下に、万博で労働者住宅計画のコンペをするなどして、労働大衆を引きつけようという意図があった。実際ル・プレーは、地方から三五〇名の労働者を旅費宿泊費付きで招待し、そのための宿舎まで会場の一画に用意している。

主会場はシャン・ド・マルスに設定され、縦五〇〇メートル、幅三八六メートルの巨大な展示場が万博のためだけに建設され、そこに最新式の機械をはじめとした展示がなされた。第二帝政下に工業化が急速に進展したフランスをはじめ、世界各国からの展示品が、種別に準じて並べられた。展示物は、先端的な機械だけでなく、衣食住に関わる家具、服飾、工芸品の類に至るまで、幅広い。日本からも幕府や薩摩《さつま》藩などが最初の展示品を送り込み、工芸品、特に陶磁器や漆器、金工品などの質の高さは見学者を驚嘆させることになる。寺本敬子《てらもとのりこ》

『パリ万国博覧会とジャポニスムの誕生』に詳しいので、関心ある方は参照するとよい。じきに世紀末にはジャポニスムとして、浮世絵なども知ったパリに旋風を巻き起こす起点となる。観客やジャーナリズムの関心も、そうした芸術というべき質の高さに、特に注目が集まっているのが興味深い。こうしたことが、明治期における欧米コレクターたちの日本美術工芸品への着目と、その収集につながる。パリではギメ美術館の展示物などに、その一端が見事に反映されている。日本をはじめとした東洋美術の精髄に、パリで接するのも悪くない。

シャン・ド・マルスの会場全体に小山や緑、滝まで配置され、遊歩道に沿って回遊できるような庭園に仕立て上げられた。その指揮をとったのは、県知事オスマンのもとでパリ改造に実務的キーマンとして貢献していたアドルフ・アルファン、その人であった。

第三共和政と世紀末パリの三回の万博

パリにおける三回目の万博は、一八七八年に、それまでとはまったく違った政治的雰囲気のなかで開催された。一八七一年のパリ・コミューンの流血の弾圧後、第三共和政が成立し、七五年には三権分立を規定した共和国憲法が成立したが、それ以前の七三年に議会で大統領に選出されていたのは、コミューンを弾圧した王党派の軍人マクマオンであった。政府と議会は、ドイツとの戦争とパリ・コミューンの内戦後、いまだにヴェルサイユにあり、万博の翌年七九年一一月に、やっとパリに帰還する。万博前には、選挙で共和派が主力となった議会と対立してクーデタまがいの動きもした大統領マクマオンは、万博の終了後には、退任を余儀なくされた。この万博は、共和政が確立したことを再確認するためのステップをなしたようなものであった。

一八七八年五月二〇日から一一月一〇日まで開かれたパリ万博には三六カ国が招待されたが、フランスが戦争で敗れた相手であるドイツ帝国は、招聘されていない。万博は、その開催時期の国際政治状況を反映するものだ、ということが露骨に示されている。会場は、シャン・ド・マルスにまた巨大な鉄骨構造の展示場が組み上げられて主会場とされ、セーヌ川を挟んで向こう岸のシャイヨーの丘には、両袖《そで》のついた立派な石造のパレスが建てられ、セーヌへの斜面に沿って段々を流れ落ちる滝が設定された。これらの両岸の施設を結びつけるイエナ橋は、補強して拡幅された。この万博では明治日本にも正式な招請状が来て、本格的に取り組まれた。会場での日本の扱いも、前回六七年の万博より重視されたものになっていた。すでにジャポニスムへの関心は高く、それはまず何より、産業製品にも新たな芸術的レベルが必要だという、第二帝政期からの強い関心に対応していた。ちょうどイギリスでは、ウィリアム・モリスの名で有名になるアーツ・アンド・クラフツの運動が起こるころである。他方でまたジャポニスムは、印象派をはじめとした絵画のあり方にも、北斎《ほくさい》や広重《ひろしげ》、写楽《しゃらく》などに代表される浮世絵が大きな影響を及ぼす展開につながり、世紀末にはアール・ヌーヴォーの工芸品や家具にも多大な影響を及ぼしていく。

シャイヨーの丘の上のパレスに三色旗がひるがえり、共和国を象徴する彫像が観客を迎え入れる形をとったように、この万博は、産業芸術推進への志向を明確にすると同時に、大統領マクマオンの画策をくじいた共和派の勝利宣言のような政治的意味を帯びた。老ヴィクトル・ユゴーが、この万博に賞賛の言葉を贈ったことが知られているが、おそらくはそれらの点を、彼は総合的に見抜いていた。この万博のために作製された彫像などは、終了後にはパリの公園など公共空間に配置された。

ついで、一八八九年五月六日から一一月六日まで開催された万博は、フランス革命百周年を記念し、共和体制の確立をうたうために、八四年段階から準備されたものであった。前回開催の七八年からまだわずかの時期で、しかもこのあと一九〇〇年にもまた開催されるので、確かにこの時期のフランス共和政府とセーヌ県（パリ市）は、万博マニアと言われるにふさわしい。その都度、万博には政治的な意味が与えられたが、それと同時に、新たな経済社会のあり方へのメッセージや、芸術運動の新しい可能性をうちだす側面をも併せ持つという点で、総合的な目的を与えられた一大イベントであったと言えるだろう。

一八八九年の万博における目玉の企画は、何と言ってもエッフェル塔の建立である。鉄骨建築のスペシャリストとして橋梁《きょうりょう》建築などで名声を確立していたエッフェルによる鉄塔の建設は、しかし同時代には賛否両論であった。批判派は、歴史あるパリの景観に「工業化の産物」が加えられることに猛反対した。結果的には、塔のフォルムといい、その素材が現在の工業製品の鉄骨とはまだ違い、伝統的な手仕事的ともいえる雰囲気を持っている点で、じきにパリの景観になくてはならないものとしてなじんでいく。エッフェル塔のないパリのイメージを思い浮かべてみるとよい。できた当座から、それまでにない高いところからパリとその周囲を眺め渡すことができる、ということで大人気を博すことになった。

エッフェル塔の向こうにシャイヨー宮を遠望する．手前がシャン・ド・マルス
出典：著者撮影（1994年）．

一八八九年の万博会場は、それまで以上に広く設定された。技術的な指揮の責任者は、あのアルファンである。エッフェル塔が示したように、キーコンセプトは鉄の時代の到来であったが、シャン・ド・マルスにはまた、八一の招待国パヴィリオンが建ち並び、古代フェニキアの時代から始まる四四もの歴史的建造物が復元展示され、いくつものお国自慢レストランが、各種の地域的特色に沿

った庭園に配置された。他方、先端機械を展示した機械館では実際にマシーンを動かして見学させ、写真と医療という、この時期に著しく発展しだしていた新たな近代技術について、学習できる施設も用意された。

芸術館もエッフェル塔の下に大きく設置され、革命以来百年のフランス絵画を総括的に一覧させる企画が組まれ、印象派やポン・タヴェン・グループの作品も、新たな関心を引くことにつながる。さらに、アンヴァリッド（廃兵院）をセーヌとつなぐエスプラナッドの広い空間には、植民地に関わる展示とフランスの軍事力が展示された。こちらの方は、「文明化の使命」と植民地帝国形成への意思とが、この時期にはなんのためらいもなく提示されていた。シャイヨーの側（トロカデロ）に展示された世界の植物に関する温室の設置や展示とあわせ、いわば世界の歴史と現状とを一覧させようという、フランス共和国の力を革命百周年で誇示する企画だったのである。たしかに、万博を好まない人からすれば、植民地主義のメガロマニアだという批判もありうる一大イベントであった。

ついで、一九〇〇年四月一五日から一一月一二日まで、さらに規模を拡大して開催されたものが、本格的には最後のパリ万博となる。この時には、現在オルセー美術館となっているオルセー駅あたりからセーヌの川沿いに、エスプラナッドを経てシャイヨーの丘とイエナ橋まで、そしてシャイヨー対岸のエッフェル塔からシャン・ド・マルスまで、両岸を含めてパリの歴史の再現を含む展示空間が連なる。一方、アンヴァリッド前のエスプラナッドからセーヌ右岸に向けて、アレクサンドル三世橋が、欄干《らんかん》に豪華な装飾を施されて新設され、橋を渡るとシャン・ゼリゼに向かって左側にグラン・パレ、右側にプチ・パレが、向き合って新築された。現在にまで続く景観である。巨大なグラン・パレは、ガラス張りの採光円蓋《えんがい》がかかる展示スペースを持ち、そこには三〇〇〇を超える、ダヴィッド以来の一九世紀フランス絵画作品が展示された。プチ・パレは、陶磁器や室内家具などフランスの伝統的な装飾芸術作品の回顧展に当てられた。産業経済では英米独の後塵《こうじん》を拝していたフランス共和国にとって、芸術文化は、ここでも重要な売りだったのである。そして何より来訪者の度肝を抜いたのが、シャン・ド・マルスに建てられた電気館の眩《まばゆ》いばかりのライトアップであった。パリ市内を東西に抜けるようにして、この万博に合わせてメ

1900年パリ万博へのパック旅行宣伝ポスター
出典：Y. Carbonnier 前掲書.

トロ一号線が開通したように、時代は確実に電気の活用へと進んでいることを、目に見える形で市民に訴えかけたのが電気館であった。

また万博に合わせて、各種のテーマでの国際大会がパリ市内では開催され、その数は、クリストフ・シャルルによれば二〇三件に及び、世界各地から多くの参加者が来訪し、事後の報告書刊行と合わせ、パリとフランスに注目を引く仕掛けであった。じつはパリでは、第三共和政期に入って万博の機会以外でも、例えば電気関連の発明であるとか、海運事業であるとか、多様なテーマでの国際大会が普段から頻繁に組織されるようになっていたのである。

一般に万博では建築物は一時的で、終了後には解体される。この万博でも多くはそうであったが、新たな橋やメトロが存続したのは当然のこと、既存のリヨン駅は拡張され、新しくオルセー駅やアンヴァリッド駅が営業を始め、グラン・パレとプチ・パレは存続し、コンコルド広場から凱旋門へ向かうシャン・ゼリゼ界隈に、新たな雰囲気を与えて将来に続く。シャイヨーの丘からブーローニュにかけての一六区には、高級住宅地区にふさわしい集合住宅建築が、しばしばアール・ヌーヴォーの意匠をまといながら、通りを飾ることにもなる。持続的な都市整備への拍車を、この万博はかけることになった。

当然ながら万博そのものは、芸術文化に特化したものではない。むしろ主たる力点は政治的な威信高揚や、経済発展へのきっかけ、といったところにあった。最後にパリで開催が試みられた一九三七年の万博は、開会式は遅れ、一九〇〇年の万博とは対照的に莫大《ばくだい》な赤字を残して失敗した。ドイツでナチが擡頭し、フランス国内でもファシストが蠢《うごめ》き、人民戦線政府は思うように政策を進められないなか、国際政治状況や国内での財政基盤のもろさなどに翻弄された形であった。万博が成功し、上からの政策的な文化振興が成功するには、時代環境が大きく関わっている。それが大きな効力を発揮したのは、第一次大戦からの復興が進みだし、パリが「狂乱の時代」などと言われる芸術文化の高揚を経験していた一九二五年に開催された、「アール・デコ」の略称で知られる国際装飾芸術博覧会が、最後であった。

おわりに

二〇世紀後半には、上からの政治的な文化政策は、恒常的には別の形をとるようになっていく。地方の活性化を文化政策的に進めることも重視され、パリだけが特権的な位置を与えられる時代ではなくなる。

それでも、第五共和政を成立させたドゴール大統領のもとで設置された文化省で、担当大臣となった文学者アンドレ・マルローのもと、パリの建築物はその外壁を洗浄され、長年にわたって煤《すす》で黒ずんでいた外見を一新させた。街頭の雰囲気はずいぶん明るく良くなった、という人も多い。

パリの町は、建築規制が区画や通りの単位で厳しく設定されている。一時規制が緩和された時期に、モンパルナス駅前の超高層オフィスビルが立てられたが、その後は再び、中心部でそれはありえないことになった。周辺部のごく一部の戸建て住宅の地区や、大きな区画をとっているよほどの富豪の邸宅は別として、住居は、町内では日本でいうアパートないしマンション、つまりは集合住宅が基本である。一階や二階に商店、ブティック、あるいはカフェやレストランなどが入っている建物でも、上の階は集合住宅、ということが普通である。歴史的建造物に指定されれば、外装も勝手にいじることはできなくなる代わりに、維持のための補助金対象となる。建物や街の構え自体が歴史的な維持継承の対象とされて、歴史文化的なイメージの豊かさに通じている。歴史的な建物の中に、内部の仕様では現代的なアートが駆使される、というような工夫も少なくない。

多様な芸術活動や書物出版、映画制作などへの公的支援政策や、それらへの環境整備、市民の利用に向けた図書館やシネマテックといった公的施設の整備、あるいは町の景観整備への援助政策などは、パリに限ったことではない。しかし本書で一端を見てきたようなパリでの文化的ストックの歴史的集積は、町に住み、空間を共有して暮らす人々のつながり、ないしコンヴィヴィアルな関係が失われない限りは、輝きを失わないだろう。二〇世紀末以来のフランスで重視されている表現を用いると、社会的な「ソリダリテ」すなわち「連帯」と「共生」の気持ちと行動が、政治的目的というよりも社会生活レベルでおのずと機能しているようであれば、と言い換えることもできるだろう。

都市における芸術文化の輝きは、美術館やコンサートホール、劇場や映画館などの施設の立派な活動からのみ、もっぱら由来するわけではない。暮らしながら、仕事をしながら、日々を送る人びとの、生活文化の豊かさが街角にうかがえるとき、都市の輝きはいっそう増してくるのではないか。日常利用する街角のパン屋やカフェ、常設の市場（マルシェ）での人びとのやりとり、大通りや広場で週の何日か設置される移動市場の賑わいとやりとり、これらが形骸化せず持続しているか否かは、一つの指標であるように思える。

ムフタール通りの店先でのやりとり
出典：著者撮影（1994年）.

もちろん時代とともに「生きること」の状況も条件も変わる。一九世紀から一九二〇年代までに見られたような濃密な、直接的人間関係に裏打ちされた「ラ・ヴィ・パリジェンヌ」、パリ風の生活は、復元しようにもそれは無理である。しかし最後に、こういうことは言えるのではないか、と私は考えている。

ルーヴル美術館の入口をピラミッド型のガラス建築で新設し、オルセーの駅舎を美術館に改修するなどした、ミッテラン大統領時代のグラン・プロジェのような、パリの芸術文化に関わる巨大政策は、確かにこれからも断続的に展開するにちがいない。しかしより重要なことは、市民生活を送る都市のスケールと空間としての形質とが、ヒューマンな感覚から外れていないこと、その日常に文化的な余裕があること、さまざまな芸術を市民が楽しみ、自由に語りあう関係性が継続することではないか。私はそう考えているが、みなさんはどう考えるであろうか。

二〇〇〇年にわたるパリの歴史の旅の最後を閉じるのは、みなさんご自身である。

あとがき

パリの歴史に関しては、この二世紀来に限定しても膨大な数の書物や論文が書かれてきた。それだけ魅力ある都市だからであろう。それに、都市が二〇〇〇年の長きにわたる連続した歴史を持つこと自体、そう多くはない。フランス語文献だけに限っても、例えば参考文献にあるフィエロの『パリ歴史事典』の原書（一九九六年版）には、地図や映像の類も含めて膨大な数のパリ史関連資料や研究書が三〇〇ページにもわたって列挙されており、目がくらむ。まともに全部読破しようなどと思えば、一生かかってもクリアできるかどうか。日本語文献にしても、やはり分量は大変な数になるだろう。

本書では、それらの成果の一部に依拠しながら、私は物語の語り部に徹する位置に身を置いたつもりである。それでも分野は多岐にわたるので、私の語りからは外れてしまった分野やテーマについては、それぞれの専門文献にアプローチしてもらえれば嬉しい。読者のみなさん一人一人がイメージを膨らませるきっかけに本書がなれば、著者としては本望である。切り口は一つではない。特にパリのような豊かな歴史を持ち、芸術文化の諸側面で刮目《かつもく》すべき交流が多様に展開してきた町については、目のつけどころはさまざまにありうるだろう。一面だけで決めつけない、それが豊かさを受け止める側の流儀でもあると、私は考えている。

本書の前提になる内容は、私が三年契約でお引き受けした獨協大学外国語学部フランス語学科での特任教授最終年度における、コロナウィルス対応の遠隔授業で毎週学生諸君に配付した各種の文書がもとになっている。ただし内容はドラフト段階であったので、新書用に精査して書き直した。厳しい条件下で授業に対応した学生諸君に感謝したい。学生から提出してもらった毎回の感想や質問は、まとめ返すために役立った。

また本書は、本来であれば二一世紀の初め頃には形になるべきものであった。都市研究、都市の歴史研究では他の追随を許さないと言ってよい我が尊敬する友、陣内秀信さんとの対談を、『カラー版　地中海都市周遊』として中公新書から出してもらったのが二〇〇〇年夏（現在は電子版のみ）。その際に編集担当だった高橋真理子さんから、次はパリの歴史を書いてくださいと言われてナマ返事をしたまま、勤務していた大学での管理職がなんとも長く続いたために（と言い訳ですが）、どう書くべきかの筋がまとまらないまま光陰矢の如し。その間、おそらくは呆れながらも、やんわり催促し続けてくれた前編集長の白戸直人さんには、感謝しなければならない。白戸さんは、私が学習院大学文学部史学科で教えるようになった初期の学生さん、いまでは文字通り攻守所を替えて、ということになる。今回担当してくださった小野一雄さんやスタッフのみなさんにも、お待たせした上に励まされ、すっかりお世話になった。みなさんに御礼申し上げます。

二〇二一年初夏に

福井憲彦

文庫，2008年
1982年が初版の同書は19世紀パリ民衆社会史の古典と言って良い．

【終章】
終章に関わる美術史の本には限りがない．大御所による入門書，
・高階秀爾『フランス絵画史―ルネッサンスから世紀末まで』講談社学術文庫，1990年
のみあげさせていただく．世紀転換期のパリを相対化するには，入門書にあたる，
・福井憲彦『世紀末とベル・エポックの文化』世界史リブレット46，山川出版社，1999年
を参考に．ナチによる美術コレクションの押収と占領下での競売をめぐっては，
・Emmanuelle Polack, *Le Marché de l'art sous l'Occupation 1940–1944*, Tallandier, 2019.
が最新の成果．
パリ万博についての本も多くなったが，何より，
・鹿島茂『絶景、パリ万国博覧会―サン・シモンの鉄の夢』小学館文庫，2000年
・寺本敬子『パリ万国博覧会とジャポニスムの誕生』思文閣出版，2017年
クリストフ・シャルルの言及は，第二章で前出のブシュロンの編著にあるものから．パリ万博は音楽についてもプロモーションをかけていたが，本書では音楽の点はほとんど触れられなかった．
・井上さつき『音楽を展示する―パリ万博1855-1900』法政大学出版局，2009年
を参照．またフランス音楽史全般とパリについては，
・今谷和徳・井上さつき『フランス音楽史』春秋社，2010年
を参照．同様に，映画や演劇やバレエ，現代舞踏などからラップやテクノアート，大道芸の世界に至るまで，パリにとって芸術文化の幅は広く，私のカバーの範囲からもはみ出している．例えば，映画については，
・中条省平『フランス映画史の誘惑』集英社新書，2003年
のように，それぞれの分野の入門書などを手がかりにしてもらえれば幸いである．

hôtels de voyageurs à Paris au XIXe siècle, 1998.
が面白い．パリの都市生活と文化のあり方をめぐる同時代の言説については，大部の読み物だが，

- Daniel Oster et Jean Goulemot (éd.), *La vie parisienne. Anthologie des mœurs du XIXe siècle*, Ed. Sand et Conti, 1989.

が新聞や評論，ルポなどを集めて興味深い．その先駆形態とでも言える３巻本が，19世紀の毎年を日めくりならぬ年めくりで，同時代資料を引用しながらたどる形式のアンソロジー，

- Charles Simon (éd.), *Paris de 1800 à 1900, la vie parisienne au XIXe siècle*, 3 vol., Plon, 1900-1901.

である．この３巻本では図版も貴重だ．また主に世紀前半について，グラン・ブルヴァール界隈，特にタンプル大通りなど民衆街区の混乱しつつも活気に満ちた状況を，同時代の記述や絵画資料をもとに「犯罪大通り」というタイトルで現代作家が描いた，

- Pierre Gascar, *Le Boulevard du Crime*, Hachette/Massin, 1980.

も，狙いは同様で大変面白い．

【第一〇章】

第一〇章のモードやブティックの変遷については，これもアルスナルのパヴィヨンでの企画展示に合わせて刊行された，

- François Fauconnet et al (éd.), *Vitrines d'architectures, les boutiques à Paris,* Ed. du Pavillon de l'Arsenal, 1997.

が手がかりになった．

- 角田奈歩『パリの服飾品小売とモード商1760-1830』悠書館，2013年

および同著者による上垣編前掲書への服飾文化のコラムも参照．フランス料理に関する本は数多いが，世界的視野からの，

- レイチェル・ローダン（ラッセル秀子訳）『料理と帝国―食文化の世界史　紀元前２万年から現代まで』みすず書房，2016年

が，視点の相対化という点で参考になる．

- 橋本周子『美食家の誕生―グリモと〈食〉のフランス革命』名古屋大学出版会，2014年

および同著者による上垣編前掲書へのコラムも参照．モード，食，ともに前掲の19世紀資料類のアンソロジーが図版を含め参考になる．19世紀半ばまでのパリ民衆の飲食と生活に関しては

- 喜安朗『パリの聖月曜日―19世紀都市騒乱の舞台裏』岩波現代

参考文献

・宮下志朗『読書の首都パリ』みすず書房，1998年

また，

・エリック・アザン（杉村昌昭訳）『パリ大全―パリを創った人々・パリが創った人々』以文社，2013年

は辛口評論だが，多くの文学作品などからの引用が生きている大冊である．

【第八章・第九章】

第八章と第九章のパリの都市改造をめぐって，セーヌ県知事オスマンの回想録は，

・*Mémoires du baron Haussmann*, Paris, 3 vol., 1890–93, Victor-Havard Ed.

で，その校訂新版がフランソワーズ・ショエの序文付きで2000年にスイユ社から１冊本で出された．死後孫によってまとめられたランビュトーの回想録は1905年に，シャルル・メリュオの回想録は1875年，ペルシニ公の回想録は1896年に，それぞれ刊行されている．

オスマン化とその前後について，写真や図版を多く収録して圧倒的に豊かなのが，この分野の現在の第一人者による，

・Pierre Pinon, *Atlas du Paris haussmannien*, Parigramme, 2002.

で，同じくアルスナルのパヴィヨンでの展示と合わせた，

・Jean des Cars et Pierre Pinon, *Paris-Haussmann. Le Pari d'Haussmann*, Picard, 1991.

も基本文献．また，地図や写真を多用して歴史的変化が視覚的にわかりやすいのが，

・Danielle Chadych et Dominique Leborgne, *Atlas de Paris. Evolution d'un paysage urbain*, Parigramme, 1999.

日本語では技術史的な専門書，

・松井道昭『フランス第二帝政下のパリ都市改造』日本経済評論社，1997年

その内容への批判も含む，

・大森弘喜『フランス公衆衛生史―19世紀パリの疫病と住環境』学術出版会，2014年

を参照．

19世紀に多くの旅行客を迎え入れ始めたパリでの大ホテルの始まりについては，カルナヴァレ歴史博物館での展示に合わせた解説書，

・Catalogue du Musée Carnavalet, *Du palais au palace. Des grands*

・ルイ・セバスチアン・メルシエ（原宏編訳）『十八世紀パリ生活誌―タブロー・ド・パリ』上・下，岩波文庫，1989年

本書では扱えなかった近世パリの治安や統治の仕組みについては，

・喜安朗『パリ―都市統治の近代』岩波新書，2009年

啓蒙期に至る都市美化については，

・Michel Le Moël (éd.), *L'urbanisme parisien au siècle des Lumières*, La ville de Paris et CNRS, 1997.

また，パリの各時代の代表的建築の写真については，

・福井憲彦・稲葉宏爾『パリ　建築と都市』山川出版社，2003年

に所収の稲葉氏による各種写真を参照.

【第六章】

第六章のフランス革命について刊行書は多いが，基本的事実経過の確認には，

・山﨑耕一『フランス革命―「共和国」の誕生』刀水書房，2018年

文化財接収の展開については何より，

・服部春彦『文化財の併合―フランス革命とナポレオン』知泉書館，2015年

が参照不可欠. ミュゼの展開については差し当たり，

・Roland Schaer, *L'invention des musées*, Gallimard, 1993.

【第七章】

第七章のロマン主義については，冒頭にあげたアンブリエール編『ヨーロッパ19世紀事典』のほか，

・工藤庸子『評伝　スタール夫人と近代ヨーロッパ―フランス革命とナポレオン独裁を生きぬいた自由主義の母』東京大学出版会，2016年

そして

・高橋裕子『西洋美術のことば案内』小学館，2008年

フロラ・トリスタンについては基本著書が翻訳され，丁寧な解題も付けられている. 例えば，

・小杉隆芳・浜本正文訳『ロンドン散策―イギリスの貴族階級とプロレタリア』叢書ウニベルシタス，法政大学出版局，1987年

バルザックはじめ著名な作家の代表作は文庫版の訳書も多い. 出版事情等について，

参考文献

・フィリップ・アリエス（福井憲彦訳）『図説　死の文化史―ひとは死をどのように生きたか』日本エディタースクール出版部，1990年

に所収の写真や図版を参照．

【第四章】

第四章のルネサンス期の王権とパリ社会のあり方については，

・高澤紀恵『近世パリに生きる―ソシアビリテと秩序』岩波書店，2008年

国王の移動宮廷と入城式については，

・小山啓子『フランス・ルネサンス王政と都市社会―リヨンを中心として』九州大学出版会，2006年

が参考になる．幻想のアジアについては，

・彌永信美『幻想の東洋』上・下，ちくま学芸文庫，2005年

モンテーニュに関しては，

・宮下志朗「モンテーニュ『エセー』と、その特認について」，日仏図書館情報学会編『書物史研究の日仏交流』樹村房，2021年所収

16世紀の市民生活についてのフランクランの著述は，

・A. Franklin, *Paris et les parisiens au 16e siècle, Paris physique, Paris social, Paris intime*, 1921.

【第五章】

第五章では，ヴェルサイユでの宮廷社会のあり方については，

・二宮素子『宮廷文化と民衆文化』世界史リブレット31，山川出版社，1999年

ルイ14世のイメージ戦略についてなどは，

・佐々木真『ルイ14世期の戦争と芸術―生みだされる王権のイメージ』作品社，2016年

青表紙本をめぐっては，

・ロベール・マンドルー（二宮宏之・長谷川輝夫訳）『民衆本の世界―17・18世紀フランスの民衆文化』人文書院，1988年

書物史では，

・ロジェ・シャルチエ（福井憲彦訳）『読書の文化史―テクスト・書物・読解』新曜社，1992年

啓蒙期のパリ市民生活については，

【第二章】

第二章のユニヴェルシテの公認に関して言及したアラン・ド・リベラの議論は，

・Patrick Boucheron (éd.), *Histoire mondiale de la France*, Seuil, 2017.

の一項目として参照．またル・ゴフの言及は，前出のフィリップ・シモン編集の小事典への寄稿から．なお，この小事典を刊行しているパヴィヨン・ド・ラルスナル（パリ４区東端のセーヌ岸にあるアルスナルのパヴィヨン）は，都市パリの歴史・現状・未来に関する研究の推進と展示を行うパリ市公設の機関で，展示場は旧作業場の再活用で簡素なものだが，頻繁に開催される企画展に合わせたカタログの充実度は，羨ましいほど素晴らしい．

【第三章】

第三章に出てくるボワロー『職業の書』の復刻版とは，

・Etienne Boileau, *Le Livre des métiers, XIIIe siècle*, publié par R. de Lespinasse et Fr. Bonnardot, 1879, réimpr. Slatkine, Genève, 1980.

である．フランクランの事典とは，

・Alfred Franklin, *Dictionnaire historique des arts, métiers et professions exercés dans Paris, depuis le 13e siècle*, 1906, reprint, New York, Burt Franklin, 1968.

パリの雑業と呼売りについては，中世よりもっと後世が対象だが，

・Massin, *Les cris de la ville. Commerces ambulants et petits métiers de la rue*, Albin Michel, 1985.

でかつての絵を見ることができる．またフィリップ四世とテンプル騎士団取り潰しについては，

・佐藤彰一『剣と清貧のヨーロッパ―中世の騎士修道会と托鉢修道会』中公新書，2017年

を参照．中世末のパリ市民の生活状況と意識に関しては，

・堀越孝一訳・校註『パリの住人の日記』全３巻，八坂書房，2013～2019年

また簡潔には，

・堀越孝一『パンとぶどう酒の中世―十五世紀パリの生活』ちくま学芸文庫，2007年

教会堂のテュンパヌムの彫刻や「死者の踊り」については，

参考文献

・Jacques Hillairet, *Dictionnaire historique des rues de Paris*, 2 vol. et supplément, Ed. de Minuit, 1963.

フランス史の全般的推移については「各国史」シリーズの増補改訂版である，

・福井憲彦編『フランス史』上・下，山川セレクション，山川出版社，2021年

を参照．また，

・中野隆生・加藤玄編著『フランスの歴史を知るための50章』明石書店，2020年

にもパリ史に関する項目がいくつか，かなり細かな説明を含めて収載されている．文化の諸側面については，テーマごとのコラムが興味深い入門書が，

・上垣豊編著『はじめて学ぶフランスの歴史と文化』ミネルヴァ書房，2020年

ヨーロッパ都市史の中世・近世の全体的推移については，

・河原温・池上俊一編著『都市から見るヨーロッパ史』放送大学教育振興会，2021年

が良い導入となる．以下，各章ごとに主要参考文献をあげる．

【序章】

序章で言及したロンバール・ジュールダンの研究は，

・Anne Lombard-Jourdan, *Aux origines de Paris. La genèse de la Rive droite jusqu'en 1223*, Ed. du CNRS, 1985.

で，同書は第一章，第二章にも関わる．また政府出版局から刊行されている documentation photographique というシリーズの dossier 8068，雑誌形式のような単著である，

・Youri Carbonnier, *Paris. Une géohistoire*, 2009.

は，地政学的観点を含め現在に至るパリ史の各段階で考えるべきポイントについて，図版付きで実に要領よく提示している．

【第一章】

第一章で言及したノートルダム炎上をめぐっては，

・坂野正則編『パリ・ノートル＝ダム大聖堂の伝統と再生―歴史・信仰・空間から考える』勉誠出版，2021年

が，本格的で多面的な検討を開始している．

参考文献

［著者名の後に (éd.) とあるのは編者の意味．正式には sous la direction de と書くが，スペース節約のためにそうした．出版地がパリの場合には省略してある］

パリの通史全体について見通しを確認するのに利用したのは，一流の歴史家が史料引用を含めて分担執筆した，

・Marcel Le Clère (éd.), *Paris de la Préhistoire à nos jours*, Ed. Bordessoules, St.-Jean-d'Angély, 1985.

である．より簡潔に日本語では，

・ジャン＝ロベール・ピット編（木村尚三郎監訳）『パリ　歴史地図』東京書籍，2000年

パリ市立歴史図書館が，極めて包括的な内容の「新パリ市史 Nouvelle Histoire de Paris」シリーズを古代から現代まで分冊でアシェット社から出して完結しているので，各巻大部で重いのだがフランス語で挑戦する方には参照を勧めたい．

事実確認用の事典類をはじめに挙げておくと，日本語では何より，

・アルフレッド・フィエロ（鹿島茂監訳）『パリ歴史事典』白水社，2000年

これは原書の事典項目部分の訳出である．歴史記述や社会経済文化などの分野別説明と資料文献一覧などは，元の，

・Alfred Fierro, *Histoire et dictionnaire de Paris*, Robert Laffont, 1996.

を参照．他に事典類では，

・Madeleine Ambrière (éd.), *Dictionnaire du XIXe siècle européen*, PUF, 1997.
・Roselyne de Ayala (éd.), *Dictionnaire historique de Paris*, Librairie Générale Française, 2013.
・Philippe Simon (éd.), *Les Premières fois qui ont inventé Paris*, Ed. de Pavillon de l'Arsenal, 1999.
・Jean-François Sirinelli et Daniel Couty (éd.), *Dictionnaire de l'Histoire de France*, 2 vol., Armand Colin, 1999.

パリ市内の街路の番地ごとに建物とその来歴について詳細に解説してくれている，極めて有用な大部の歴史事典として，

福井憲彦（ふくい・のりひこ）

1946年（昭和21年），東京都に生まれる．東京大学文学部西洋史学科卒業，同大学大学院人文科学研究科博士課程中退．東京大学助手，東京経済大学助教授，学習院大学教授・学長などを歴任．学習院大学名誉教授，日仏会館名誉理事長．専門はフランスを中心とした西洋近現代史．著書に『カラー版　地中海都市周遊』（共著），『世界の歴史21　アメリカとフランスの革命』（共著），『ヨーロッパ近代の社会史』『歴史学入門』『近代ヨーロッパの覇権』『パリ　建築と都市』（共著）など．

物語《ものがたり》 パリの歴史《れきし》
中公新書 *2658*

2021年 8 月25日発行

著　者　福井憲彦
発行者　松田陽三

本文印刷　三晃印刷
カバー印刷　大熊整美堂
製　　本　小泉製本

発行所　中央公論新社
〒100-8152
東京都千代田区大手町 1-7-1
電話　販売　03-5299-1730
　　　編集　03-5299-1830
URL http://www.chuko.co.jp/

Published by CHUOKORON-SHINSHA, INC.
Printed in Japan　ISBN978-4-12-102658-3 C1222

中公新書刊行のことば

いまからちょうど五世紀まえ、グーテンベルクが近代印刷術を発明したとき、書物の大量生産は潜在的可能性を獲得し、いまからちょうど一世紀まえ、世界のおもな文明国で義務教育制度が採用されたとき、書物の大量需要の潜在性が形成された。この二つの潜在性がはげしく現実化したのが現代である。

いまや、書物によって視野を拡大し、変りゆく世界に豊かに対応しようとする強い要求を私たちは抑えることができない。この要求にこたえる義務を、今日の書物は背負っている。だが、その義務は、たんに専門的知識の通俗化をはかることによって果たされるものでもなく、通俗的好奇心にうったえて、いたずらに発行部数の巨大さを誇ることによって果たされるものでもない。現代を真摯に生きようとする読者に、真に知るに価いする知識だけを選びだして提供すること、これが中公新書の最大の目標である。

私たちは、知識として錯覚しているものによってしばしば動かされ、裏切られる。私たちは、作為によってあたえられた知識のうえに生きることがあまりに多く、ゆるぎない事実を通して思索することがあまりにすくない。中公新書が、その一貫した特色として自らに課すものは、この事実のみの持つ無条件の説得力を発揮させることである。現代にあらたな意味を投げかけるべく待機している過去の歴史的事実もまた、中公新書によって数多く発掘されるであろう。

中公新書は、現代を自らの眼で見つめようとする、逞しい知的な読者の活力となることを欲している。

一九六二年一一月

芸術

- 2072 日本的感性 佐々木健一
- 1296 美の構成学 三井秀樹
- 1741 美学への招待(増補版) 佐々木健一
- 1220 書とはどういう芸術か 石川九楊
- 1994 カラー版 イタリア・ロマネスクへの旅 池田健二
- 118 フィレンツェ 高階秀爾
- 385・386 カラー版 近代絵画史(増補版)(上下) 高階秀爾
- 1781 マグダラのマリア 岡田温司
- 2188 アダムとイヴ 岡田温司
- 2369 天使とは何か 岡田温司
- 2425 カラー版 ダ・ヴィンチ 絵画の謎 斎藤泰弘
- 2232 ミケランジェロ 木下長宏
- 2614 カラー版 ラファエロ―ルネサンスの天才芸術家 深田麻里亜
- 2292 カラー版 ゴッホ〈自画像〉紀行 木下長宏
- 2513 カラー版 日本画の歴史 近代篇 草薙奈津子
- 2514 カラー版 日本画の歴史 現代篇 草薙奈津子
- 2478 カラー版 横山大観 古田亮
- 1827 カラー版 絵の教室 安野光雅
- 2562 現代美術史 山本浩貴
- 1103 モーツァルト H・C・ロビンズ・ランドン 石井宏訳
- 1585 オペラの運命 岡田暁生
- 1816 西洋音楽史 岡田暁生
- 2630 現代音楽史 沼野雄司
- 2009 音楽の聴き方 岡田暁生
- 2606 音楽の危機 岡田暁生
- 2395 ショパン・コンクール 青柳いづみこ
- 2569 古関裕而―流行作曲家と激動の昭和 刑部芳則
- 1854 映画館と観客の文化史 加藤幹郎
- 2247・2248 日本写真史(上下) 鳥原学

地域・文化・紀行

t 2

- 560 文化人類学入門（増補改訂版） 祖父江孝男
- 2315 南方熊楠《みなかたくまぐす》 唐澤太輔
- 2367 食の人類史 佐藤洋一郎
- 92 肉食の思想 鯖田豊之
- 2129 カラー版 地図と愉しむ東京歴史散歩 竹内正浩
- 2170 カラー版 地図と愉しむ東京歴史散歩 都心の謎篇 竹内正浩
- 2227 カラー版 地図と愉しむ東京歴史散歩 地形篇 竹内正浩
- 2346 カラー版 地図と愉しむ東京歴史散歩 お屋敷のすべて篇 竹内正浩
- 2403 カラー版 地図と愉しむ東京歴史散歩 地下の秘密篇 竹内正浩
- 2327 カラー版 イースター島を行く 野村哲也
- 2092 カラー版 パタゴニアを行く 野村哲也
- 1869 カラー版 将棋駒の世界 増山雅人
- 2117 物語 食の文化 北岡正三郎
- 596 茶の世界史（改版） 角山 栄
- 1930 ジャガイモの世界史 伊藤章治

- 2088 チョコレートの世界史 武田尚子
- 2438 ミルクと日本人 武田尚子
- 2361 トウガラシの世界史 山本紀夫
- 2229 真珠の世界史 山田篤美
- 1095 コーヒーが廻り世界史が廻る 臼井隆一郎
- 1974 毒と薬の世界史 船山信次
- 2391 競馬の世界史 本村凌二
- 650 風景学入門 中村良夫
- 2344 水中考古学 井上たかひこ